コンプライアンスの
すべて

取り組むことが求められる**これまで**と**これからの**テーマ

中島 茂 著

第一法規

はじめに

　この本は、働くあなたの身の回りで今日にも起きそうな法令やコンプライアンス上の問題について、どう考え、どう対応したらよいかを解説したものです。本文ではビジネスに関する主要な「法令」について、その目的と概要を簡潔に説明し、また、「コンプライアンス」について、多くの事例をもとに解説しています。本書を通読することで法令とコンプライアンスの基礎的な知識と考え方を身に付けることができます。

　ビジネスを進める上で最も大切なことは法令を守ること、「法令順守」です。万一、法令違反が起きてしまうと社会から厳しい非難を受け、あなた自身も、そして会社も大きなダメージを受けてしまいます。「法令を知らなかった」では社会に許してもらえないのです。

　さらに、現代社会は、企業に対して、法令よりも厳しい規範である「コンプライアンス」を実践することも求めています。コンプライアンスの本来の意味は「相手の期待に応えること」です。企業にとってのコンプライアンスとは、消費者、従業員、取引先、地域社会など、企業を取り巻く多くの人々の期待に応えていくことという意味になります。コンプライアンスが法令を超える理由の１つは、人々の期待が法令よりもどんどん先に進んでいくことにあります。「業務上の指導」を例にとってみると、かつては「体育会系」と称されるような強引な指導ぶりがまかり通っていましたが、世の中は「そんな指導が許されるのか」と疑問視するように変わってきました。そのため、「パワーハラスメント」という言葉が生まれてきたのです。こうした社会の価値観の変化を受けて2019年５月に改正労働施策総合推進法が成立し、その中にパワーハラスメントに関する定義が、法律上、初めて登場しました。

　このように法令があり、それを超える社会の意識変化があり、やがてその新しい価値観が法令に取り入れられていくのが世の中の流れです。この流れに対応していくためには、仕事に関連する法令知識を身に付け、さらに世の中が期待するところを真剣に受け止め、応えていく努力が求められます。そうした努力を続けることがあなたのビジネス人生を実り多いものにしていきます。

　そのお役に立てるようにと願ってこの本は作成されました。あなたが本書を積極的に活用し、ビジネスパーソンとしていきいきと活躍していかれることを心から祈っています。

2021年6月　中島 茂

Contents

Unit 1 コンプライアンスはあなたにどう関係するのか

Chapter 1 「コンプライアンス」は「法令順守」を超える
～コンプライアンスの本当の意味～ 2

- **1-1** 「法令順守」が通用しなかった事例 2
- **1-2** 法令を順守しているのに、なぜ非難されるのか 3
- **1-3** 「コンプライアンス」の本当の意味 5
- **1-4** 「コンプライアンス」は「法令順守」を超える 6

Chapter 2 5つのコンプライアンス
～企業が期待に応えるべき相手とは～ 10

- **2-1** 消費者コンプライアンス 10
- **2-2** 従業員コンプライアンス 13
- **2-3** 取引先コンプライアンス 14
- **2-4** 社会コンプライアンス 16
- **2-5** 株主コンプライアンス 19
- **2-6** 「ステークホルダー」という言葉の留意点 20
- **2-7** コンプライアンスについて、あなたに意識してほしいこと 21

Chapter 3 コンプライアンス体制の整備 ～会社としての取組み～ 23

- **3-1** 「ルール」「組織」「手続き」の3方面から体制を整備する 23
- **3-2** 「ルール」を整える 24
- **3-3** 「組織」を整える 26
- **3-4** 「手続き」を実践する 27

リーガル喫茶室① コンプライアンスと法令順守 30

Unit 2 あなたと会社とコンプライアンス

Chapter 1 「コンプライアンスに反する命令」にも従うべき？
～職務上の不正～ 32

- **1-1** 会社の「縦の線」は「内部統制システム」 32
- **1-2** 会社の「横の線」は「ガバナンス」 34

1-3	ホットラインの活用	36
1-4	上司の命令がコンプライアンスに反する場合の対応	37

Chapter 2　あなた自身のコンプライアンス　〜従業員としての「義務」〜　42

2-1	従業員が守るべきコンプライアンスの基本原則	42
2-2	従業員が守るべきコンプライアンスの主要ルール	43
リーガル喫茶室②	上司の命令とコンプライアンス	49

Unit 3　あなたと職場とコンプライアンス

Chapter 1　安全・安心に働く　〜会社の安全配慮義務〜　52

1-1	会社の「安全配慮義務」	52
1-2	「安全配慮義務」の具体例	53
1-3	安全配慮義務を具体化した「労働安全衛生法」	57
1-4	感染症リスクが生じている場合の「安全配慮義務」	57
1-5	労働災害に遭ったときの対応	59

Chapter 2　お互いの「人格」を尊重し合う職場づくり
　　　　　　　〜ハラスメントの防止〜　62

2-1	ハラスメントを防止すべき理由	62
2-2	パワーハラスメント	63
2-3	セクシュアルハラスメント	65
2-4	その他のハラスメント	67

Chapter 3　勤務をめぐるルール　〜労働、休日の管理と多様な働き方〜　70

3-1	労働時間の基本ルール	70
3-2	「36協定」と上限設定	71
3-3	時間外労働とコンプライアンス	72
3-4	休暇とコンプライアンス	74
3-5	さまざまな働き方	76
3-6	人事とコンプライアンス	77
リーガル喫茶室③	グローバル化とハラスメント	80

Unit 4　あなたと仕事とコンプライアンス

Chapter 1　取引の開始と終了は慎重に ～取引先との契約～ 82

- **1-1** 取引先選択にあたっての留意点 82
- **1-2** 取引契約を結ぶ 84
- **1-3** 取引終了時のコンプライアンス 86

Chapter 2　取引を「適正」に継続する
～さまざまな取引先との付き合い方～ 89

- **2-1** 契約を誠実に履行する 89
- **2-2** 取引先をだますと刑事罰も 89
- **2-3** 取引先を監査する 90
- **2-4** 取引先との付き合いはコンプライアンスに従って行う 91
- **2-5** 製品事故の際は関連企業が協力して解決する 91
- **2-6** 取引先いじめは「取引先コンプライアンス」違反 92
- **2-7** 政治家、公務員との付き合い方 96

Chapter 3　競争はフェアな条件で ～公正で自由な企業競争～ 101

- **3-1** 不公正取引「ダンピング」 101
- **3-2** 不公正取引「再販売価格の拘束」 102
- **3-3** その他の不公正な取引方法 102
- **3-4** カルテル・談合 103
- **3-5** 私的独占 106

Chapter 4　反社会的勢力との関係遮断 ～関わらないためにできること～ 109

- **4-1** なぜ反社会的勢力と関わりをもってはならないのか 109
- **4-2** 反社会的勢力の手法 109
- **4-3** 暴力団排除条例 110

リーガル喫茶室④ 真夜中のリーニエンシー 112

Unit 5　あなたと情報とコンプライアンス

Chapter 1　機密情報を守る ～情報漏えいをしない・させない～ 114

- **1-1** 身の周りには機密情報がいっぱい 114
- **1-2** 従業員の守秘義務 116

| | **1-3** | どうやって機密情報を守るのか | 117 |

Chapter 2 個人情報を守る ～情報の適正な取得と保護～ 121

2-1 個人情報を守ることの重要性 121

2-2 個人情報保護法で求められていること 123

2-3 ビッグデータと個人情報 125

2-4 個人情報が漏えいしたら、すぐ報告を 126

2-5 海外の規制 126

Chapter 3 営業秘密を守る ～3要件と法的保護～ 129

3-1 「営業秘密」とは何か 129

3-2 営業秘密として法的権利を得られる3要件 130

3-3 営業秘密はどのように奪われているのか 131

Chapter 4 知的財産権を守る ～知的財産権を侵害しない・させない～ 134

4-1 「知的財産」とは何か 134

4-2 特許権 134

4-3 実用新案権 135

4-4 意匠権 136

4-5 商標権 136

4-6 著作権 137

4-7 不正競争防止法によるデッドコピーの禁止 138

4-8 商品・サービスを企画開発するときに注意すべきこと 139

リーガル喫茶室⑤ 顧客名簿の盗み出し・今昔ものがたり 142

Unit 6　あなたと社会とコンプライアンス

Chapter 1 消費者を守る「設計」「製造」「指示・警告表示」
～安全な商品・サービスを届ける～ 144

1-1 製造物責任法は安全確保の指針 144

1-2 安全な商品設計をする 147

1-3 製造工程での安全性確保を徹底する 148

1-4 「指示・警告表示」を実効的に行う 149

1-5 安全性に問題が生じたら適正に「リコール」を行う 149

Chapter 2 適正な表示 〜消費者を惑わせない〜 ·········· 152

2-1 「誤認表示」の禁止 ··· 152

2-2 景品表示法による表示の規制 ·································· 153

2-3 「フリーライド表示」禁止の原則 ······················· 154

2-4 食品表示法による規制 ·· 154

2-5 未承認医薬品には「効能・効果」を表示してはいけない ····· 156

Chapter 3 公正な営業活動 〜消費者を困らせない〜 ·········· 157

3-1 営業活動の「公正さ」を求めて ···························· 157

3-2 特定商取引法によって規制される営業方法 ········· 159

3-3 営業活動と景品 ··· 162

Chapter 4 社会貢献と企業価値の向上 〜社会の信頼と支持を得る〜 ··· 164

4-1 インサイダー取引の規制 ··· 164

4-2 貿易コンプライアンス ·· 168

4-3 CSR、ESG投資、SDGsに関心をもって実践する ····· 170

4-4 ESG投資とESG経営 ··· 171

4-5 SDGsの動きを知っておく ··· 174

Chapter 5 皆の力で地球を守る 〜環境を傷つけると「レッドカード」〜 ··· 177

5-1 環境を守る基本法である「環境基本法」 ·············· 177

5-2 大気の汚染を防止する ·· 178

5-3 土壌汚染に適正に対応する ······································ 180

5-4 廃棄物の管理・資源の有効利用を徹底する ········· 181

5-5 地球環境保全に協力する ··· 182

リーガル喫茶室⑥ リコール対応の現場と経営トップの姿勢 ···· 185

理解度チェック問題集 ··· 188

正解と解説 ··· 206

本書の内容は、2021年4月1日現在公布されている法令等に基づいています。

本書における表記について

本文中の法令・裁判例などの表記については、原則、以下の略称を用いています。

◆法令（略称50音順）

略称	正式名称
育児・介護休業法	育児休業、介護休業等育児又は家族介護を行う労働者の福祉に関する法律
医薬品医療機器等法	医薬品、医療機器等の品質、有効性及び安全性の確保等に関する法律
化学物質審査規制法	化学物質の審査及び製造等の規制に関する法律
官製談合防止法	入札談合等関与行為の排除及び防止並びに職員による入札等の公正を害すべき行為の処罰に関する法律
景品表示法	不当景品類及び不当表示防止法
個人情報保護法	個人情報の保護に関する法律
下請法	下請代金支払遅延等防止法
省エネ法	エネルギーの使用の合理化等に関する法律
短時間・有期雇用労働者法	短時間労働者及び有期雇用労働者の雇用管理の改善等に関する法律
男女雇用機会均等法	雇用の分野における男女の均等な機会及び待遇の確保等に関する法律
地球温暖化対策推進法	地球温暖化対策の推進に関する法律
特定電子メール法	特定電子メールの送信の適正化等に関する法律
独占禁止法	私的独占の禁止及び公正取引の確保に関する法律
特定商取引法	特定商取引に関する法律
廃棄物処理法	廃棄物の処理及び清掃に関する法律
犯罪収益移転防止法	犯罪による収益の移転防止に関する法律
半導体回路配置保護法	半導体集積回路の回路配置に関する法律
プラスチック資源循環促進法	プラスチックに係る資源循環の促進等に関する法律
暴力団対策法	暴力団員による不当な行為の防止等に関する法律
容器包装リサイクル法	容器包装に係る分別収集及び再商品化の促進等に関する法律
労働施策総合推進法	労働施策の総合的な推進並びに労働者の雇用の安定及び職業生活の充実等に関する法律

◆裁判例

略称	正式名称
最判	最高裁判所判決
●●高判	●●高等裁判所判決
●●地判	●●地方裁判所判決
●●簡判	●●簡易裁判所判決
●●簡裁略式命令	●●簡易裁判所略式命令

◆辞書

略称	正式名称
研究社『新英和中辞典』	『新英和中辞典　第7版』竹林 滋、東 信行、市川 泰男、諏訪部 仁 編集（研究社、2003年）
三省堂『新明解国語辞典』	『新明解国語辞典　第4版』金田一 京助、山田 明雄、柴田 武、山田 忠雄 編集（三省堂、1989年）
小学館『ランダムハウス英和大辞典』	『ランダムハウス英和大辞典　初版』小学館ランダムハウス英和大辞典第2版編集委員会 編集（小学館、1973年）

Unit 1

コンプライアンスはあなたにどう関係するのか

「やっと新店舗の開設が承認されましたね。うれしいなぁ！」
「ええ。でも、1つ気になることが…。消火用スプリンクラーを付けない設計になっていますが、大丈夫でしょうか」
「いや、消防法はクリアしている。新店舗は延べ面積2,500m²だろう。法規制を受けるのは3,000m²以上だから、スプリンクラーの設置義務はないんだ。それに、会社としても、開設費用は少しでも節約したいからね」

　日用品量販店の店舗企画チームが、会議を終えて、休憩コーナーで話しています。新店舗の開設が決まり、がんばってきた店舗企画チームの感慨もひとしおでしょう。
　でも、ちょっと待ってください。顧客や従業員の安全のための設備を、「法令では義務づけられていない」というだけで、設置しないと決めてしまって良いのでしょうか。たとえ法令で義務づけられていなくても、顧客や従業員、さらには社会のために、企業がなすべき事柄があるのではないでしょうか。
　このUnit 1では、法令順守を超える「コンプライアンス」という考え方が、あなたが働く中でどう関係してくるのかを学んでいきます。

Chapter 1
「コンプライアンス」は
「法令順守」を超える
～コンプライアンスの本当の意味～

　あなたは「コンプライアンス」について、どのような理解をしているでしょうか。「法令順守」という言葉で置き換えて理解をしていませんか。それは正しい理解ではありません。企業が法規制はクリアしていたのに社会から厳しい非難を浴びた例は少なくないのです。正しい理解をしていないと、思わぬところから、あなたもコンプライアンス問題に巻き込まれることがあるかもしれません。いくつかの実例を振り返りながら、コンプライアンスという言葉の本当の意味について、理解を深めていきましょう。

1-1　「法令順守」が通用しなかった事例

◎スーパー火災

　スーパーマーケットで1990年3月18日、火災が発生し、スプリンクラーを付けていなかったこともあって、買物客と従業員と合わせて15名の犠牲者が出ました。そのときスーパーの社長は「消防法は守っていた」とコメントしたのです。当時の消防法では「延べ面積6,000㎡以上の店舗」はスプリンクラーの設置が義務づけられていたのですが、この店舗は5,140㎡だったのです。しかし、マスコミは「たとえ法令で義務づけられていなくても、消防設備を付けるべきだった」として、この姿勢を厳しく批判しました。たとえ消防法に違反していなくても被害が出れば社会は許してくれません。店長（管理権限者）と総務マネージャー（防火管理者）は後に「業務上過失致死傷罪」で有罪判決を受けています。

　この火災の後、消防法は延べ面積3,000㎡以上の商業施設にはスプリンクラーを設置する義務があると改正されています。

◎コースター事故

　遊園地のジェットコースターで2007年5月5日、事故が起き、乗客が亡くな

消防法：火災の予防、人や財産の火災からの保護などを目的とした法律。
業務上過失致死傷罪：人が、業務の上で求められる注意を怠って人を死傷させる罪。「業務」の範囲は広く解されている。

建築基準法：建物の建築、利用等について最低限の基礎を定めた法律。
業務上過失致死罪：人が、業務の上で求められる注意

りました。コースターの車軸が突然折れたのです。遊園地運営会社の説明ではコースターを使い始めて15年になるが、建築基準法で義務づけられている「定期点検」は行っていたものの、義務づけられていない「車軸交換」は一度も行っていませんでした。この事故が大きく報道されて以降、その遊園地への客足は遠のき、ついには閉園になりました。また、後に、担当取締役と施設部長はこの事故について「業務上過失致死罪」で有罪判決を受けています。

◎アルミ部材データ改ざん事件

鉄鋼会社は2017年10月18日、自動車メーカーなどの「取引先」に納入しているアルミ部材に関する「検査証明書」のデータを、取引先と契約した品質基準には達していないのに、達しているかのように改ざんしていたと発表しました。取引先は、自動車、電車、航空機、家電製品などを作っている「完成品メーカー」で、525社に上りました。このとき鉄鋼会社の役員は「取引先と結んだ契約には違反したが、法令には抵触しているわけではない」とコメントしました。この「法令」とは産業標準化法に基づいて指定されるJIS規格のことです。このコメントがマスコミ、社会によって強く非難されました。「法令であるJIS規格にさえ合致していれば良い」というわけで、取引先との契約軽視の姿勢に聞こえたからです。後に、鉄鋼会社は「不正競争防止法違反」（虚偽表示。検査証明書にうそのデータを書いた行為）で1億円の罰金刑を受けています。担当者4名も最終的には起訴こそされませんでしたが、警察から書類送検されています。

1-2 法令を順守しているのに、なぜ非難されるのか

こうみてくると、事故や不祥事が起きたときに、企業がたとえ「法令順守」をしていても、社会から非難される場合があることがわかります。なぜ、法令を順守していたのに非難されるのでしょうか。

その理由は、社会の側が企業に期待するところに違反していたからです。前掲の「スーパー火災」を例に考えましょう。買物客は「スーパーは防火体制も消火体制も、きちんと整備して、安全を確保してくれている」と期待しています。消防法の「何㎡以上」などという規制は知りません。従業員も「ウチの会社はちゃんと職場環境を整備してくれていて安全に働ける」と期待しています。「安全面に不安はあるが法的義務はないのでスプリンクラーを設置しない」という

を怠って人を死に至らせる罪。
JIS規格：日本産業規格（Japanese Industrial Standards）の略。鉱工業製品の規格と品質表示を定めた基準。
起訴：検察官が裁判所に刑事事件につき提訴すること。

書類送検：警察が検察に事件を送ることのうち、身体拘束を伴わないもの。

Unit 1-Chapter 1 「コンプライアンス」は「法令順守」を超える　3

姿勢は、そうした人々の期待を正面から裏切るものです。

「コースター事故」も同様に社会の側の期待を裏切っています。遊園地に遊びに行く人々は「この遊園地はアトラクション設備について、きちんとメンテナンスして安全確保をしてくれている」と期待しています。「ひょっとしたら危ないかもしれない」と不安を感じながら遊園地に行く人はいません。

「アルミ部材データ改ざん事件」は「契約は守ってくれるはずだ」という取引先の期待を裏切っています。また、そのアルミ部材を用いている自動車、電車、飛行機の乗務員や乗客、エンドユーザーである自家用車の利用者らの期待も裏切っています。私たちは電車に乗るとき、「この電車の台車部材は、契約基準やJIS規格に合致しているだろうか？」などと心配はしていません。原料メーカー、部材メーカー、これらを組み立てる完成品メーカーを信頼しているからです。そうした状況で「データは改ざんしたがJIS規格には合致している」といわれても、では「安全性はどうなのか」と突っ込みたくなります。

3つの事例とも、消費者、従業員、取引先、社会の期待に反したことが、企業が「法令順守」していたのにもかかわらず、非難された原因といえます。

図1-1　鉄鋼会社のアルミ部材データ改ざんの影響

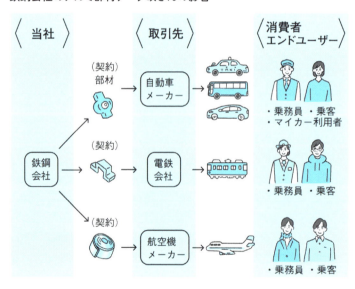

1-3 「コンプライアンス」の本当の意味

　こうみてくると、コンプライアンスとは、「法令順守」を超えるもので、企業の「製品・サービス」をめぐるさまざまな人々の期待と密接に関係しているように思われます。

　では、「コンプライアンス」とは、本当はどういう意味なのでしょうか。言葉のもともとの意味に立ち返ってみてみましょう。

　コンプライアンス（compliance）は、ほとんどの英和辞典では「命令・要求に従うこと」とあります。ただ、これだけだと「法令順守」とあまり変わりません。そこで、コンプライアンスという名詞の元の言葉である「コンプライ」（comply）という動詞を調べてみると、「（何かに）合わせる」とあります。コンプライアンスとは「何かに合わせること」というのがもともとの意味です。たとえば、自動車の世界では道路の凸凹に合わせて柔軟に動き、乗り心地を良くするサスペンションを、「コンプライアンス性に優れたサスペンション」と表現しています。この場合、合わせる相手は「道路」です。

　これに対して、企業は「人」を相手にする組織です。したがって、コンプライアンスとは、「相手に合わせる」と訳しても良いのですが、相手の願いや望みに対して、企業側も主体性をもって対応するという積極的な意味をこめて受け止めたいところです。

　以上のことから、企業にとってのコンプライアンスとは、「相手の期待に応えること」と理解するのが適切です。そして、その企業で働くあなたにとっては、まわりのさまざまな人たちの期待に応えることがコンプライアンスです。

図1-2　コンプライアンスの本当の意味

コンプライ（comply）	=	相手に合わせる
↓		
コンプライアンス（compliance）	=	相手に合わせること
↓		
企業にとってのコンプライアンス	=	**相手の期待に応えること**

1-4 「コンプライアンス」は「法令順守」を超える

◎コンプライアンスは法令順守よりも「レベル」が高い

　コンプライアンスは法令順守を「超えるもの」といいました。より正確にいうと、まずその要求されるレベルの高さにおいてコンプライアンスは法令順守よりも高いといえます。

　たとえば、店舗のスプリンクラー設置が延べ面積3,000㎡以上の店舗に義務づけられており、新設する店舗が2,500㎡で法規制の対象ではないとしても、相当数の買物客が予想され、安全確保上必要だと判断されるときは、自主的にスプリンクラーを設置すべきです。それが、コンプライアンスです。

◎コンプライアンスは法令順守よりも「範囲」が広い

　そして、コンプライアンスは、その範囲の広さにおいても法令順守よりも広いのです。たとえば、「危険ドラッグ」というものがあります。麻薬や覚せい剤と似せて作られた化学物質を含んでいて大変に危険な薬物です。しかしその成分構成は極めて多くの種類があり、しかもどんどん変えられています。厚生労働省も医薬品医療機器等法に基づいて、幅広く「包括指定」をして取り締まろうと努力していますが、それでも微妙に成分構成を変えられると、なかなか規制が及びません。けれども、社会の側からすれば、危険ドラッグを服用して車両の運転などされるのはとんでもないことです。このように法の規制対象となっていない範囲の薬物でも、使用などすべきではありません。それが、コンプライアンスです。

図1-3　法令とコンプライアンス

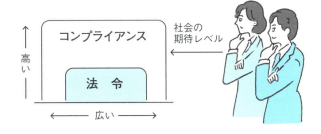

医薬品医療機器等法：正式名称は、「医薬品、医療機器等の品質、有効性及び安全性の確保等に関する法律」。医薬品や医療機器等の安全確保等を目的としている。

包括指定：基本骨格が同じ物質を一括して指定すること。

◎法令違反と法的制裁

法令違反を含まない、純粋な「コンプライアンス違反」だけの場合は、行為者は社内処分や社会的非難を受けることはありますが、「法令違反」の場合はそれにとどまらず、行為者に「法的制裁」が課されます。「法的制裁」の有無が、法令違反がコンプライアンス違反と異なる点です。

法律は大きく分けて3種類あります。犯罪者を処罰する「刑事法」、国や自治体が国民・住民のために活動する際のルールである「行政法」、民間のトラブルを解決する「民事法」です。

刑事法違反に対しては、制裁として懲役刑・罰金刑などの「刑事罰」が科されます。自治体も、一定の範囲内では条例で刑事罰を定めて行為者に科することができます。

行政法への違反に対しては「行政罰」といって、2種類の制裁が定められています。1つは「行政刑罰」という刑事罰です。たとえば無免許運転は、行政法の1つである道路交通法に違反する罪ですが、行政刑罰として3年以下の懲役または50万円以下の罰金が科されます。もう1つは行政上の秩序を保つための秩序罰といわれる「過料」という制裁で、こちらは刑事罰ではありません（なお、「過料」は刑事罰の「科料」と発音が同じなので、区別するために、「過料」を「あやまちりょう」、「科料」を「とがりょう」と読むことがあります）。さらに、独占禁止法違反に対する課徴金のように経済的な制裁もあります。

民事法でも、他人に損害を与えた場合（不法行為）、契約に違反して相手に損害を与えた場合（債務不履行）、行為者には損害賠償が命じられます。米国では現実の損害額を超えて懲罰的な賠償が命じられることがありますが、日本では賠償額は現実の損害額を基礎としている点で懲罰的とはいえません。けれども賠償を強制される点では、広い意味での法的制裁ということができます。

条例：都道府県や市町村の議会の議決によって制定される地方自治体の法規範。地方自治尊重の観点から、法律よりも厳しい規制を定めている場合がある。

科料：軽微な犯罪に科される財産刑。罰金より少額で1万円未満1,000円以上。

課徴金：刑事罰とは別に、不正な利益を没収する趣旨で違反者に対して金銭的負担を課す行政上の処分。

図1-4 法令違反と法的制裁の概要（例）

法令の種類	制裁の対象となる具体的な内容	法的制裁の内容
刑事法 刑法	横領、背任、窃盗など	刑事罰
不正競争防止法	不正目的の営業秘密の侵害 不正目的のフリーライド 外国公務員に対する贈賄	刑事罰 刑事罰 刑事罰
条例による刑事法	東京都迷惑防止条例（付きまとい行為など）	刑事罰
行政法 行政刑罰を定める行政法	道路交通法（無免許運転）	刑事罰
秩序罰（過料）を定める行政法	会社法（法が求める登記の懈怠） 住民基本台帳法（正当な理由なく転入届をしない場合） 東京都千代田区生活環境整備条例（公共の場における喫煙の禁止に違反した場合）	過料（100万円以下） 過料（5万円以下） 過料（2万円以下）
課徴金を定める行政法	独占禁止法（カルテル、独占、不公正な取引）	売上額の一定割合の支払い
	景品表示法（不当な表示）	売上額の一定割合の支払い
	金融商品取引法（インサイダー取引）	利益または回避した損失額
民事法	不法行為（人に損害を与えた場合） 債務不履行（契約に違反した場合）	損害賠償（広い意味の制裁） 損害賠償（広い意味の制裁）

　これらの法令違反に共通するのは、国や自治体の公的な強制力によって制裁が実行される点です。

　これに対して、法令違反を含まない純粋なコンプライアンス違反行為（たとえば、パワーハラスメントではあるが、刑法の脅迫罪、暴行罪などには該当しないもの）は社内処分の対象となったり、社内外、場合によっては世間の非難を浴びたりは

しますが、原則として法的制裁を受けることはありません。

　なぜ法令違反には厳しいペナルティが待ち受けているのかといえば、**法令は人や企業が守るべきルールのうち、「それにすら違反したら法的制裁がある」という最低レベルの社会的ルールを定めたもの**だからです。この点について、ドイツの公法学者ゲオルグ・イェリネックは「法律は最低限の道徳である」といっています。

　けれども、あなたやあなたの会社が目指すのは「最低限」ではないはずです。誇りをもって、法令を超えるコンプライアンスを学んでいきましょう。

Chapter 1　まとめ

- ☑ 企業で事故・不祥事が起きたときは「法令順守」をしていたとしても社会から非難されることがある
- ☑ 企業が社会から非難されるのは、消費者、従業員、取引先、社会などの期待を裏切ったからである
- ☑ コンプライアンスの本当の意味は「相手の期待に応えること」である
- ☑ 法令とは、人や企業が守るべきルールのうち、「それにすら違反したら法的制裁がある」という最低レベルの社会的ルールを定めたものである

Chapter 2
5つのコンプライアンス
～企業が期待に応えるべき相手とは～

　企業にとってのコンプライアンスとは、「相手の期待に応えること」であるという考え方について、ここまで説明してきました。では、期待に応えるべき具体的な「相手」とは誰か、何を「期待」されているのかについて、ここから考えていきましょう。

2-1　消費者コンプライアンス

◎企業にとって最も大切な存在は消費者

　企業を取り巻く人々、組織には、消費者、従業員、取引先、社会、株主とさまざまな存在があります。この5つの「相手」の観点から、5つのコンプライアンスを考えてみます。

　企業が期待に応えるべき「相手」として、第一に挙げるべきは「消費者」です。あなたの会社がつくり出す商品やサービスを実際に使ったり、消費したりしてくれる人々です。その人たちのおかげで企業は存続していけるのですから、**企業にとって最も大切な「相手」は消費者**だといえます。その消費者の期待に応えることを、「消費者コンプライアンス」と呼ぶことにします。

図1-5　企業が期待に応えるべき5つの「相手」

◎消費者の「期待」は何か

　では、消費者が企業に期待する具体的な事柄は何でしょうか。あなた自身も他社の製品・サービスについては1人の消費者です。何を期待しているかを思い浮かべてください。

　参考までに、一般財団法人経済広報センターが毎年行っているアンケート調査をみると、生活者が企業に期待することの第1位は、1997年度の調査開始以来一貫して、「安全・安心で優れた商品・サービス・技術を適切な価格で提供すること」です（一般財団法人経済広報センター「第23回　生活者の"企業観"に関する調査報告書」2020年3月）。この結果からも、安全・安心、高品質、合理的価格が、消費者の期待だとわかります。

Unit 1-Chapter 2　5つのコンプライアンス　　11

◎BtoB企業の課題

　原料メーカー、部品メーカーのように企業を取引相手としている企業を「ビジネス対ビジネス」という意味で「BtoB企業」といいます。消費者、エンドユーザーなどを直接に取引相手としている「BtoC企業」（ビジネス対コンシューマー〈消費者〉）と区別されます。BtoB企業の場合、商流の最終段階で商品を使用・消費してくれている人々の姿がみえないため、消費者、エンドユーザーの期待を感じ取りにくいものです。そこで、意識的に消費者やエンドユーザーの使い方、消費の仕方を想像し、その期待を思い浮かべることが大切です。

図1-6　BtoB企業とBtoC企業

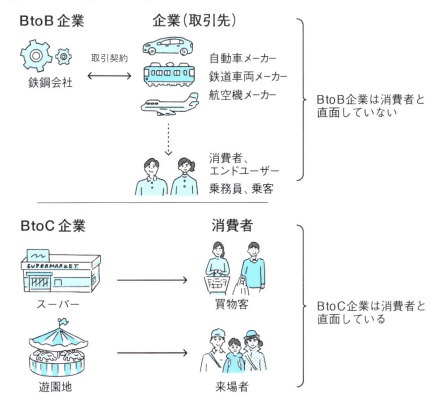

消費者基本法：「安全」など消費者の権利に対する国、地方公共団体、企業の責務を定める法律。

図1-7　消費者コンプライアンスに関連する主な法令

目的	法令
消費者に対する企業の「基本姿勢」に関するもの	消費者基本法
商品の「購入契約」に関するもの	消費者契約法（行きすぎた営業から消費者を守る）、民法（買主の追完請求権など）
商品の「安全性」に関するもの	製造物責任法、食品衛生法、消費者安全法、消費生活用製品安全法
商品の「表示」に関するもの	不正競争防止法、景品表示法、食品表示法、医薬品医療機器等法
消費者の「個人情報・プライバシー」に関するもの	個人情報保護法、民法（プライバシーを侵害する行為者に、不法行為として賠償責任を負わせる）
消費者トラブルを生じやすい特定の商取引に関するもの	特定商取引法

2-2　従業員コンプライアンス

◎従業員は企業活動の原動力

　従業員は、消費者と並んで企業にとって大切な存在です。経営陣が「消費者第一」「社会貢献」など、立派なヴィジョンを掲げて旗を振っても、従業員がその志に賛同して働いてくれなければ、企業は前に進むことができません。従業員は企業活動の原動力だといえます。そうした従業員の会社に対する期待に応えることを、「従業員コンプライアンス」と呼ぶことにします。

◎従業員の「期待」は何か

　従業員が会社に期待する事柄は何でしょうか。あなた自身が従業員として会社に何を期待しているかを基に考えてみてください。

　ここでもやはり、第一に期待されるのは「安全な職場」であることです。この期待に応えるのが、企業は従業員の安全確保に配慮しなければならないとする

買主の追完請求権：売主から引き渡された物の種類・品質・数量が契約と違うときは、買主が売主に対して目的物の修理・補修や代替物の引き渡し、不足分の追加を請求できる権利。

食品衛生法：食品や添加物の基準、表示、検査などの原則を定め、飲食の危害を防ぐための法律。

消費者安全法：消費者の安全確保のための国、地方公共団体の責務と企業の努力を定める法律。

「安全配慮義務」です。この原則は、以前は法律にはっきり書かれていなかったのですが、2007年、法律にも明確に規定されました（労働契約法5条）。他にも、「適正な労働時間管理」「公正な賃金」「差別のない職場」「各種ハラスメントのない職場」などが、従業員の期待する事柄だと考えられます。

図1-8　従業員コンプライアンスに関連する主な法令

目的	法令
雇用契約・解約・解雇・賃金・労働時間など、従業員の保護全般に関するもの	労働基準法（→各社ごとに労働基準法に基づく手続きで定めた「就業規則」）
従業員の安全を確保するもの	労働契約法（安全配慮義務）、労働安全衛生法
パワーハラスメントの防止に関するもの	労働施策総合推進法（中小企業は2022年3月末までは努力義務）、民法（不法行為の条文）
セクシュアルハラスメントの防止に関するもの	男女雇用機会均等法、民法（不法行為の条文）
育児や介護に関するもの	育児・介護休業法
パートタイム、有期雇用労働者の保護に関するもの	短時間・有期雇用労働者法

2-3 取引先コンプライアンス

◎取引先は事業活動の基盤

　取引先は企業にとって事業活動を展開する上での基盤です。企業ビジネスは1社でできるものではなく、原料メーカー、部品・部材メーカー、完成品メーカー、ソフト開発会社、物流会社などが密接に手を結びあって初めて実現が可能になります。2011年の東日本大震災のとき、取引先である半導体メーカーが被災して操業困難となったため、自動車メーカーが支援に乗り出したエピソードがあります。

　このように大切な取引先の期待に応えることを、「取引先コンプライアンス」

と呼ぶことにします。

◎取引先の「期待」は何か

　取引先があなたの会社にまず期待することは、「取引契約を順守してくれること」です。契約は厳粛なものです。契約書は自社、取引先、それぞれの営業担当者、法務担当者、経営陣が額を集めて契約条文を吟味し、その上で双方の責任者が調印したものです。契約で品質基準を定めれば、それは重要なものであり、前出の「アルミ部材データ改ざん事件」のように「JIS規格に合致していれば良い」というわけにはいきません。

　また、取引関係が「公正」に行われることも、取引先が期待するところです。取引上の力関係にものをいわせて無理難題を押し付けるのは、取引先コンプライアンス違反です。過剰な接待を要求することも取引先の期待に反します。

◎取引先コンプライアンスの留意点

　取引先コンプライアンスを考えるとき重要なことは、すべての企業が消費者、エンドユーザーに対して「安全」を確保する責務を負っているということです。

図1-9　安全確保の責務

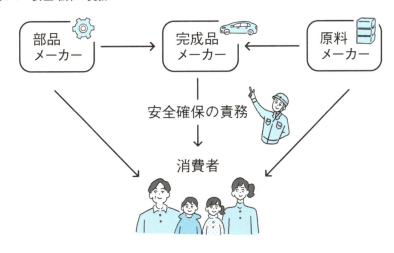

Unit 1-Chapter 2　5つのコンプライアンス

原料メーカー、部品・部材メーカー、完成品メーカー、ソフト開発会社、保管会社、物流会社、販売会社など、どの過程で事故が起きても、最終的に被害を受けるのは消費者、エンドユーザーです。その消費者、エンドユーザーに対しては、一連の企業はすべて「共同責任者」の立場にあると考えるべきです。ですから、たとえば、部品メーカーが「多少問題のある部品ですが、納品を受け入れてください」という不当な「期待」をもったとしても、それに応えるのが取引先コンプライアンスではありません。

図1-10　取引先コンプライアンスに関連する主な法令

目的	法令
契約順守を確保するもの	民法（契約に関する条文。契約を守らない場合のペナルティを定めている。415条など）
公正を欠く事業行動をする相手から守るもの	独占禁止法（不公正な取引方法）、下請法、不正競争防止法

2-4　社会コンプライアンス

◎企業は「社会の一員」

企業は「社会の一員」として社会の期待に応えることを求められています。このことを一般社団法人日本経済団体連合会（以下、「日本経団連」といいます）の「企業行動憲章」は、「『良き企業市民』として、積極的に社会に参画し、その発展に貢献する」と宣言しています。社会参画、社会貢献など、社会の期待に応えることを「社会コンプライアンス」と呼ぶことにします。

◎「地域社会コンプライアンス」から考える

けれども、「社会の期待に応える」といっても広すぎて漠然としています。コンプライアンスは、「どのような相手の、どのような期待に応えるのか」と具体的に考えることが必要です。そのためには、まず「地域社会」の期待から考えてみましょう。

企業の苦情受付窓口には、商品やサービスに関すること以外にも、地域の人々

企業行動憲章：日本経団連が1991年に制定したもので、以来、複数回の改定を経て今日に至っている（2017年11月8日最終改定）。同憲章8条は「『良き企業市民』として、積極的に社会に参画し、その発展に貢献する」と定める。

から「営業担当者が道路で、大声で話し合っていて、うるさい」「お宅の会社のマークを付けた営業車が違法駐車している」「お宅の社章を付けた人たちが飲食店で傍若無人な騒ぎっぷりで迷惑だった」といった苦情が寄せられています。こうした隣近所の人々の期待に応えるきめ細かな対応を、「地域社会コンプライアンス」といって良いでしょう。

◎社会全体が期待していること

　もちろん社会全体として企業に期待していることがあります。「騒音、公害を出さないでほしい」「品質や価格をめぐって、フェアに競争して、消費者を大切にしてほしい」「政治家や行政と癒着して、一部の企業だけが優遇されるようなことはしてほしくない」「証券マーケットで不正をするなど、投資家に迷惑をかけないでほしい」「反社会的勢力とは付き合わないでほしい」「他人の知的財産を尊重してほしい」などといった期待です。

　このように、社会が企業に期待するところをまとめた考え方を「CSR」（企業の社会的責任）といいます。

◎CSR

　CSR（Corporate Social Responsibility；企業の社会的責任）とは、企業は利益を追求するだけではなく、社会の求めに応じて責任ある行動をすべきだという考え方です。歴史的には企業による公害、差別、過酷労働などを批判する人々の活動から始まったもので、市民にとって身近な存在である年金基金などの同調を経て多くの機関投資家に波及し、やがて社会全体に広まりました。こうした要望に応えるのがCSR経営です。

　「レスポンシビリティ」（responsibility）の「レスポンス」（response）は「応える」という意味で、「アビリティ」（ability）は「できる」という意味です。つまりCSRの「レスポンシビリティ」とは、企業が社会の期待に「応えられる」ということです。レスポンスを「責任」と訳すことが多いのですが、「責任」というと気が重くなり、消極的になってしまいがちです。けれども、社会が期待するところに胸を張って「応えられます！」といえる状態をつくること、それが企業にとってのCSR活動です。そう理解すれば積極的な気持ちになれます。CSR活動は社会の期待に応える「社会コンプライアンス」の延長線上にあるということができま

す。

　CSRというとき、社会の側が企業に何を期待するかといえば、社会参画・社会貢献の中でも特に「環境保護」「人権保護」「従業員の保護」「贈賄など不正の回避」などに力点が置かれています。

◎CSRと社会コンプライアンス

　社会コンプライアンスとは「企業」の側が、社会の期待に応えるように努力することをいいます。社会は「企業は社会的責任を果たすべきだ」というCSRの考え方の下、企業に社会的責任を果たすように仕向けます。仮にある企業がそうした社会の期待に応えていないという事態になれば、社会の側はその企業の「株を買わない」（投資の引き上げ）、「商品を買わない」（ボイコット）などの形で、自然発生的にさまざまな活動を行い、企業にレッドカードを突きつけます。**CSRが果たされているかを判断するのは、企業ではなく社会の側**なのです。

　そこで企業の側も社会の要請を取り入れ、積極的に「CSR経営」をモットーとして掲げて努力するようになっています。社会の期待に応える努力という点では、CSRは「社会コンプライアンス」と同じ方向を目指しているといえます。けれども、CSRという考え方の根底には、社会の側が「企業は責任を果たしているか」と見つめる姿勢が厳然として残っていることを、会社もあなたも忘れてはいけません。

◎ESG投資への取組み

　現在の投資家は、「CSR」の内容であった「環境保護」（Environment）、「社会貢献」（Society）に、さらに「企業統治」（Governance）を加えて「ESG」と名付け、ESGへの取組みに力を入れている企業に投資をする姿勢になっています。これを「ESG投資」といいます。

◎SDGs

　国連は2015年、「2030年までに政府や企業が取り組むべき17の目標」を掲げました。これを「持続可能な開発目標」（Sustainable Development Goals）、略してSDGs（エスディージーズ）といいます。内容は、気候変動対策、クリーンエネルギー、海・陸を守る、貧困・飢餓対策、ジェンダー平等など、多岐にわたっています

が、地球環境と資源の保全（サステナビリティ）が大きな課題の１つとされています。CSRもSDGsも「社会コンプライアンス」の延長線上にあるといえます。

図1-11　社会コンプライアンスに関連する主な法令

目的	法令
環境保全に関するもの	環境基本法、大気汚染防止法、土壌汚染対策法、廃棄物処理法、循環型社会形成推進基本法、地球温暖化対策推進法、気候変動適応法、環境保全に関する条例
公正な取引に関するもの	独占禁止法（不公正な取引方法）、不正競争防止法、官製談合防止法
公正な証券取引を守るもの	金融商品取引法
行政との適正な関係を守るもの	刑法、不正競争防止法（外国公務員への不正利益提供禁止）、国家公務員倫理法
反社会的勢力との関係に関するもの	暴力団対策法、暴力団排除条例

2-5 株主コンプライアンス

◎株主の期待

　一般に株主が企業に期待しているのは、「株価が元気なこと」「配当が良いこと」「十分な情報開示がなされること」の３つだといわれています。

　このうち「配当」については、会社法が分配可能額を規制していますが、それを配当するか、将来への投資にするかは経営陣による政策の問題です。コンプライアンスとは直接的には関係がありません。

　これに対して、株価は「企業価値」を反映する指標です。したがって、「事故や不祥事を起こさないようにコンプライアンスを尊重して『企業価値』の維持・向上を目指すこと」が株主の期待するところです。

　また、情報開示は企業のオーナーである株主として、最も基本的な期待だといえます。

　そして株主は、個人投資家から大資本の機関投資家に至るまで、平等に株主と

会社法：株式会社の設立・組織・運営・計算などについて定めている法律。合名会社、合資会社、合同会社についても定めている。

Unit 1-Chapter 2　5つのコンプライアンス　19

して尊重してほしいという期待をもっています(株主平等の原則)。

こうした株主の期待に応えることを「株主コンプライアンス」と呼びます。

図1-12　株主コンプライアンスに関連する主な法令

目的	法令等
配当に関するもの	会社法
情報の開示に関するもの	金融商品取引法、 証券取引所の自主的ルールである適時情報開示基準
「企業価値」の維持・向上に関するもの	消費者コンプライアンス・従業員コンプライアンス・取引先コンプライアンス・社会コンプライアンスに関する法令全般

2-6　「ステークホルダー」という言葉の留意点

以上に述べた消費者、従業員、取引先、社会、株主など企業を取り巻く人々や組織を合わせて、「ステークホルダー」(stakeholder)と呼ぶことがあります。ステークホルダーとは一般的には「利害関係者」と訳されます。

ステークホルダーという言葉を使うときに留意すべきことが2つあります。第一に、利害関係者をひとまとめにする言葉なので、つい大雑把になってしまい、それぞれの相手に対するきめ細かな検討と対応がおろそかになるおそれがあることです。第二に、それぞれのステークホルダーへの対応の優先順位がわかりにくくなることです。

たとえば、欠陥商品が発生した場合で考えてみましょう。①「消費者」の安全、②リコール費用がかかることで「従業員」の給与や「株主」への配当が下がる可能性がある、③必要性に乏しいリコールをすると「社会」に迷惑をかけるなど、さまざまな相手の期待を考え合わせて決断しなければなりません。「ステークホルダー」という言葉でひとまとめにしてしまうと、そうした個別分析的な姿勢が失われるのではないかという懸念があります。

こうした留意をした上で、ステークホルダーという言葉を使うようにしましょう。

2-7 コンプライアンスについて、あなたに意識してほしいこと

◎5つのコンプライアンスの区分で考える

あなたが今後、コンプライアンスに関する事案に対応するときは、まず
①その事案が5つのコンプライアンスのどれに関係しているのか、
②あなたが働いている会社に期待されていることは何か、
③関係する法令はあるか、
というプロセスで考えてみてください。正しい方向で検討することができます。

図1-13　5つのコンプライアンス

```
1. 消費者コンプライアンス
2. 従業員コンプライアンス
3. 取引先コンプライアンス
4. 社会コンプライアンス
5. 株主コンプライアンス
```

◎コンプライアンスのレベルをどう見極めるか

コンプライアンスは法令を超えるものです。きっと、あなたが「どこまでがコンプライアンスといえるのか」と迷う場面がでてきます。そのときは「自分自身の感覚」を1つの基準とすることが役立ちます。

たとえば、「上司に大勢の前で叱責された」という従業員から、コンプライアンス違反だという申立てを受けたとします。そうしたとき、「もし自分が大勢の前で叱責されたらどう感じるか」と考えるのです。自分は大勢の前で叱責されるのは耐えられないだろうと感じたら、それが「従業員コンプライアンス」の基準です。

◎時代の流れを知るために情報を集める

ただし、常に自分の感覚が正しいとは限りません。実際、「自分は大勢の前で叱責されて、育てられてきた。それは正しい方法だ」と思ってパワーハラスメントをしている人は、いまだにいるのです。そうした状況に陥らないためには、時

代の風、時代の流れをキャッチすること、具体的には新聞、雑誌、テレビ、インターネットなどで情報を収集することが必要です。

また、会社が企画する「コンプライアンス研修」にも、関心をもって積極的に参加しましょう。

「コンプライアンス性に優れたサスペンション」は道路の凸凹に合わせて柔軟に対応できるものです。ビジネスの世界でも時代の流れを的確にキャッチしていく柔軟さが大切なのです。

Chapter 2　まとめ

☑ 企業が期待に応えるべき相手は、消費者、従業員、取引先、社会、株主であり、その相手ごとにコンプライアンスがある

☑ BtoB企業は、消費者やエンドユーザーがみえにくいので、消費者の期待を思い浮かべることが大切である

☑ CSR、ESG、SDGsなどの考え方は「社会コンプライアンス」の延長線上にあるものとして理解できる

☑ コンプライアンス事案を考えるときは、どの相手に対するコンプライアンスに関連するか、会社に何を期待されているか、関係法令はあるかを考える

☑ 判断に迷う場合は、自分が相手の立場だったらどう感じるかを基準に考え、感覚を時代の流れに合わせるために各種メディアや研修などで情報を収集し、補っていくことが必要である

Chapter 3

コンプライアンス体制の整備

～会社としての取組み～

　今、どの企業も「コンプライアンス体制」の整備に力を入れています。コンプライアンスへの取組み方が会社の社会的信用を左右するからです。あなたの会社も例外ではありません。

　会社が行っている各種の取組みについて、その意義を知っておくことは、そこで働いているあなたにとっても大きな価値があります。たとえば、「コンプライアンス研修」は会社が行う重要な取組みの1つです。しかし、その意義がわかっていないと、「また、研修か…」とやらされ感だけがつのってしまい、積極的な気持ちで臨めなくなってしまいます。

　そこで、ここでは会社がコンプライアンスのために行っているさまざまな取組みについて、その意義と目的を学びます。

3-1　「ルール」「組織」「手続き」の3方面から体制を整備する

　「コンプライアンス体制」「リスク管理体制」「ガバナンス体制」など、何らかの「体制」を整えるときは、一般的には「ルール」「組織」「手続き」と、3つの方面から取組みが行われます。

　「コンプライアンス体制」についていえば、まず体制を整えるためのさまざまな社内ルールの制定が必要です。会社という組織を動かすためには明確な「ルール」が定まっている必要があります。

　次に、そのルールに従って業務推進を担当する「組織」が必要です。「誰かがやるだろう」では、結局誰も動かず、会社の取組みは実現しません。

　さらに、ルールを実行に移すためのさまざまな活動が必要です。コンプライアンスの必要性を広く知ってもらうための周知活動、理解を深めてもらうための研修活動、コンプライアンスの実践状況を見る監査、コンプライアンス違反が指摘されたときに事実確認をするための調査活動などです。ルールを実行する

ための諸活動ですから、「手続き」と呼ぶことにします。

図1-14　コンプライアンス体制　3人の力持ち

3-2　「ルール」を整える

◎経営理念

　ルールづくりで最も大切なのは、コンプライアンスに対する会社の基本的な方針です。基本方針は「経営理念」「企業理念」「企業行動基準」などの中に重要項目として盛り込まれています。多くの会社が、消費者、従業員、取引先、社会、株主に対する貢献を中心として、それぞれに工夫を凝らして個性ある宣言を行っています。

　基本方針も世の中の変遷につれて見直していく必要があります。日本経団連が掲げる「企業行動憲章」は社会の動向をキャッチアップしているので参考になります。

　有名な経営理念として、ジョンソン・エンド・ジョンソン社の「我が信条」(Our Credo)があります。自分たちの責任は、第一に患者・医療関係者、第二に社員、第三に地域社会・全世界、第四に株主に対するものであると宣言しています。1982年、同社の鎮痛剤タイレノールに毒物を入れられる事件が起きました。そのとき同社はこの経営理念に従って、患者の安全を第一として全米でのリコールを実行しました(タイレノール事件)。

　あなたも自分が働いている会社がどのような基本方針を掲げているのか、ぜひ確認してみましょう。基本方針はホームページに掲げられていることが多く、社員手帳などにも記載されている場合もあります。

◎就業規則

「就業規則」には、従業員が守るべきコンプライアンス事項も記載されています。「服務規律」に関する項目がそうです。「服務規律」には、職務専念義務、会社の名誉・信用を守る義務、守秘義務、不正な金品使用の禁止などが盛り込まれています。どれも会社の企業価値・財産を守ることに関係していますので、突き詰めれば「株主コンプライアンス」に関するルールといえます。

就業規則は会社が制定する社内規則(内規)の1つですが、内規の中でも特に重要なものです。就業規則には賃金、労働時間のことも定められています。あなたのビジネス人生に直結する規程ですから、必ず目を通しておくべきものです。

他方、従業員は会社との間で「労働契約」を結んでいます。その契約の中に従業員は常に「誠実に義務を履行しなければならない」という「誠実義務」が含まれています(Unit 2の2-1参照)。服務規律は誠実義務をルール化したものともいえます。

◎コンプライアンスに関連する各種の社内規則

多くの会社が、「秘密保持規程」「接待費規程」「インサイダー取引防止規程」「ホットライン規程」などの内規を分野別に定めています。最近では、ツイッターなどSNSの使い方やエチケットに関する「SNS利用規程」を定める企業も増えています。こうした内規は就業規則の服務規律の延長線上にあり、そのガイドライン的なものといえます。必要に応じて目を通すようにしましょう。

図1-15 就業規則と他の内規

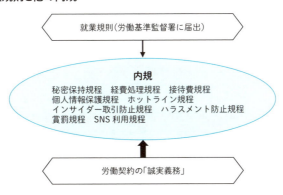

就業規則：会社が定めた労働条件と服務規律の規則の総称。
SNS：Social Networking Service(ソーシャル・ネットワーキング・サービス)の略。登録された利用者同士が交流できるインターネット上の会員制サービス。

◎コンプライアンス・ハンドブック

「コンプライアンス・ハンドブック」「コンプライアンス・ガイドライン」「行動規範」などのタイトルで、従業員が守るべきコンプライアンス上のルールを定めて冊子にしている会社もあります。こうしたハンドブックは、会社が従業員を守るため、また会社の社会的信用を守るために時間と労力をかけて作ったものです。「コンプライアンス違反」をしないため、あなたのビジネス人生を守るためにも必要なものです。デスクにしまい込んだままにせず、ぜひ目を通しましょう。

3-3 「組織」を整える

◎コンプライアンス実行組織

多くの企業が、コンプライアンスを推進するための専門部署を置いています。名称は「コンプライアンス統括部」「コンプライアンス推進部」「コンプライアンス室」などさまざまです。

「コンプライアンス担当役員」がその専門部署の担当役員として置かれます。企業によっては「CCO」(チーフ・コンプライアンス・オフィサー)といった職名を付けることもあります。

CCOの下に各部門に部門長が受け持つ「コンプライアンス責任者」が置かれ、さらに現場の日々のコンプライアンス状況を見守り、管理する「コンプライアンス担当者」が置かれます。

これで、役員から部長、現場責任者という、縦のラインを築くことができます。

図1-16　コンプライアンス実行組織

◎コンプライアンス委員会

　こうした実行組織とは別に、取締役会の諮問機関として社外委員を入れた「コンプライアンス委員会」を置く企業が増えています。「社会コンプライアンス」に応えようとするとき、内部者だけでは「社会の期待」を十分にキャッチすることができないからです。委員会の意見、答申がどの程度会社に影響力をもつかは、それぞれの会社がどのようなメンバーで構成される委員会を設計するかによります。

◎ホットライン組織

　ホットライン（内部通報制度）を設置する企業が増えています。ホットライン組織とは、ホットラインの運営を担当する部署、担当者です。

　あなたも、コンプライアンス違反を目にしたり、自分自身がコンプライアンス違反の被害を受けたりしたときにはホットラインを使うことになります。自社のホットライン規程にも目を通しておきましょう。

3-4　「手続き」を実践する

◎コンプライアンス研修

　コンプライアンスに関する「ルール」「組織」ができても、それらを実際に運営し、動かすためにはさまざまな関連業務が必要になります。何といっても大切なのは「コンプライアンス研修」です。「コンプライアンスは立派な活動だが、自分とは特に関係がない」と思っている人も少なくありません。しかし、本当にそうでしょうか。

　ある若い営業担当者は、先輩から「同業者の懇親会があるから、かわりに出てくれ」と頼まれたそうです。出席したところ、なんとそれは「談合」の会議でした。その後、談合が発覚し、司法当局に事情聴取を受けることになったとき、その担当者は「コンプライアンス研修のとき、『同業者の集まりで価格の話が出たらすぐ退出しろ』と教えられた。それなのにできなかった」と悔やんでいました（「談合」については、Unit 4の3-4参照）。

　コンプライアンスの問題は、いつあなた自身の身に降りかかるかわかりません。身を入れて研修を受けましょう。

◎コンプライアンス監査

コンプライアンス組織が現場でコンプライアンスの実践状況を見て回るのが「コンプライアンス監査」です。監査担当者は監査項目を決めて、定期的にさまざまな部署を回って監査を行います。「経理は適正に行われているか」「各種ハラスメントはないか」「監督法令の違反はないか」といった監査項目についてヒアリング調査などが行われます。大切なのは監査に対しては誠実に対応し、正直に答えることです。それが最終的にはあなた自身や会社を守ることになります。

◎コンプライアンス調査

コンプライアンス違反の事実が指摘されたときは、事実の有無、内容を確認する「コンプライアンス調査」が行われます。たとえば、パワーハラスメント行為があったのか、経緯・内容はどのようなものだったかなどの調査です。こうした事後調査にも、誠実に対応し、正直に答えることが必要です。

監督法令：銀行法、金融商品取引法、保険業法など、銀行、証券、保険など特定の業界が適正に活動するように取り締まる法律。「業法」とも呼ばれる。

Chapter 3　まとめ

- ☑ 会社は、コンプライアンス体制の整備について、ルール、組織、手続きの3つの方面から取り組んでいる
- ☑ 就業規則は、服務規律など従業員が守るべきコンプライアンス事項を含む基本的なルールなので、必ず読んでおくべきである
- ☑ コンプライアンス・ハンドブックには目を通しておくことが望ましい
- ☑ コンプライアンス研修には「もしも自分の身に降りかかったらどうしたらよいか」と、関心をもって臨む
- ☑ コンプライアンス監査・調査には、その目的を理解して、誠実に対応する

☕ リーガル喫茶室 1

コンプライアンスと法令順守

　「コンプライアンス委員になってくれませんか？」20年前、ある会社から依頼されたとき、私は少し答えをためらいました。当時は、コンプライアンスとは「法令順守」のことであると、何の疑いもなく理解されていました。そのため「コンプライアンス委員になるということは、法令順守の模範になる必要がある。それは私には無理ではないか？」と消極的になったのです。

　もっと大きな理由もありました。当時、「コンプライアンス経営を目指そう！」という動きが広まり始めていました。「コンプライアンス経営」とは、そのころの理解では「法令順守経営」ということです。でも、すべての役職員がいつも法令集を持ち歩き、何かといえば条文を読んで考える必要があるのでしょうか。経営は常識、良識に基づいて行っていればよく、何か問題が生じたときに法務部、弁護士などに相談すれば事足りるはずです。それに「法令」と一口でいっても、国会が作る「法律」と、内閣・自治体が必要に応じて作る「政令・条例」などとを合わせたものですから、おびただしい数があり、そう簡単に調べられるものではありません。

　そこで、私は「そもそも、コンプライアンスとはどういうことなのか」と、英語のもともとの意味にまで遡って調べました。ある英和辞典で、コンプライアンスとは「相手の願い、期待に応えること。親切」（研究社『新英和中辞典』）と訳しているのを見つけたときの喜びは言葉にいい尽くせません。「そうか！消費者、従業員などが何を期待しているかを考え、その一つひとつに誠実に応えていくことがコンプライアンスなのだ」そうわかったとき、私はコンプライアンス委員を引き受ける決意が固まりました。

　コンプライアンスは法令順守を超えるものです。たとえば「酒気帯び運転」についての法規制で考えてみましょう。呼気1リットル中0.15mg以上のアルコールがある状態で運転すれば違法です。この規制を「法令順守」的に受け止めると、0.14mgなら運転して良いような気がします。でも、バス・タクシーに乗ったとき、運転士が赤ら顔で「お客さん、私は少し飲んでいますが、0.14mgだから大丈夫です」といったら、誰でも即、降りますよね。ですから、バスやタクシーを運行する交通機関の会社は、「0.05mg以上が検出されたら社内処分」というように、ほとんどが法令以上に厳しい内規を設けています。乗客に不安な気持ちを抱かせてはならないという「消費者コンプライアンス」の精神の表れです。

Unit 2

あなたと会社とコンプライアンス

「この部品ですが、品質証明書に記入する検査データが、なかなかとれないので困っています。どうしたらデータがうまくとれるのでしょうか？」
「このデータは、とりにくいから、過去のデータを適当に記入しておけ。昔から皆、そうやっている。ウチの技術はしっかりしているから、品質は大丈夫だ。正直にやっていて、納期遅れにでもなったら大変だ」
「でも…」

　納期を前に、少しピリピリした雰囲気が漂う工場の一角。新人従業員が係長に、納品物の検査データについて、相談しています。
　「取引先コンプライアンス」（Unit 1の2-3参照）からすると、取引先の期待に応えるためには、正直に品質検査をする必要があります。新人従業員もそのことがよくわかっているからこそ、係長の命令にとまどっているのでしょう。コンプライアンスに違反していると感じた場合でも、上司の命令に従って良いのでしょうか。「昔から皆やっている」は言い訳になるのでしょうか。
　Unit 2では会社という「組織」の特質と、あなた自身の「価値観」、そしてコンプライアンスとの関係を学びます。

Chapter 1
「コンプライアンスに反する命令」にも従うべき?
～職務上の不正～

　「上司からのコンプライアンスに反する命令にも従うべきか」は、実は難しくて大きな問題です。この問題を考えるためには「会社全体の仕組み」を知っておく必要があるからです。

　ただ、このことを知っておくと、あなたが働いていく中でこれからさまざまな問題にぶつかったとき、自分自身で考えて、結論を導くことができるようになります。ぜひこの機会に理解しておきましょう。

1-1 会社の「縦の線」は「内部統制システム」

◎会社は「内規を制定する権限」をもっている

　大きくとらえると、**会社は「縦の線」と「横の線」とで構成されています。**

　まず、「縦の線」です。会社というものは、定款に「目的」として書いてある事業を推進するために、株主から資金を集めて効率良く事業を展開し、収益を上げて株主に配当するためのビジネス・システムです。「趣味の会」ではないので、統一した目的事業のために組織全体が整然と、しかもキビキビと動かなければなりません。

　そこで、会社は「内規」(社内規則) を定め、全従業員にこれに従うように求めます。Unit 1の3-2で紹介したコンプライアンス関連の内規もその一部です。内規に従わない者が出てくれば会社は事実関係を調査し、内規違反が確認されれば社内処分を行います。判例も、会社が「内規を制定する権限」「違反行為の調査をする権限」「処分をする権限」をもっていることを認めています(「電報電話局事件」最判昭和52年12月13日)。

◎会社は「業務命令」を出す権限をもっている

　バラエティに富んだ現場の状況に対応し、事業を整然とキビキビと進めるた

判例：過去の裁判において、裁判所が示して定着した判断。

めには内規だけでは足りません。そこで、会社は必要に応じて従業員に対して、その場その場に応じた業務上の「指示・命令」を出す権限をも有しています。そのため、会社は、指示・命令に従わない従業員がいれば、「業務命令違反」として、内規違反と同様、やはり事実調査、社内処分という手続きをとることができます。

判例も会社が業務命令権に基づいて具体的な指示・命令を出す権限をもっていることを認めています（「鉄道会社事件」最判平成8年2月23日）。

◎内部統制システム

このように、会社は事業を推進するために、内規を定め、必要に応じて指示・命令を出し、これらに違反する従業員がいれば事実関係を調査して社内処分を行います。こうした仕組みの全体を、「内部統制システム」と呼んでいます。図2-1をみればわかるように、経営トップから従業員に至るまで、上から下まで一本の線で貫かれています。これが会社の仕組みの「縦の線」です。

経営上、「システム」という言葉は「体制」を意味します。Unit 1の3-1で学んだように、「体制」とはルールと組織と手続きのことでした。会社の「縦の線」を形作る体制は、
①職務権限規程など多くの内規（ルール）、
②社長、副社長、専務、常務、部長、課長、係長などの職制（組織）、
③内部監査、コンプライアンス監査、各種研修などの諸施策（手続き）、
などで構成されています。「コンプライアンス体制」もその1つなのです。

図2-1　会社を構成する「縦の線」と「横の線」

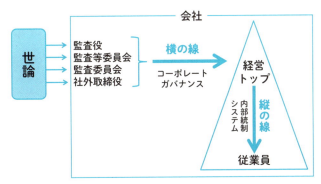

こう説明してくると、会社自体が峻厳（しゅんげん）な1つのシステムだという印象をもたれることと思います。少し堅苦しい感じがするかもしれません。もちろん、会社はあなたにとって、やりがいのある仕事をする場であり、社会に役立つ仕事をする有意義な時を過ごす場でもあります。しかし、その根底にはシステムとして内部統制という「縦の線」が不可欠であることを理解しておきましょう。

1-2 会社の「横の線」は「ガバナンス」

◎「縦の線」も間違えることがある！

「縦の線」がピシッと決まっていれば、それで会社は万全のように思われます。実際、ほとんどの場合はそれで問題は起きません。

ところが、実は「縦の線」には重大なリスクが潜んでいます。それは経営トップを中心とする経営幹部ら、「縦の線」の上位の人たち自身が、進むべき方向を間違えるおそれです。2011年、製紙会社の会長が特別背任罪容疑で逮捕されました。会長は海外でカジノに入り浸って巨額の借金をつくり、複数の連結子会社から約55億円を送金させて弁済に充てたのです。子会社の人々は誰も会長には逆らえないまま送金を続け、大事件になりました。会長は後に特別背任罪で実刑判決を受けました（「会長カジノ事件」東京地判平成24年10月10日）。

他方、廃棄物処理事業者の副工場長が、酸化チタン製造過程で出る発ガン性物質を含む製品を、「フェロシルト」という土壌埋め戻し材として販売したという、とんでもない事件もありました。副工場長は廃棄物処理法違反で実刑判決を受けています。会社も同法違反で5,000万円の罰金刑を科されています（「フェロシルト不法投棄事件」津地判平成19年6月25日）。さらに、会社はフェロシルトが埋められた地域の自治体から回収を命じられ、約485億円の費用をかけて回収しています。

このように、会社では、会長、副工場長といった「縦の線」の上位にいる人たちが経営の方向を間違えることが、ときとして起きます。そうなると「縦の線」の下位にいる人ではどうすることもできず、会社はどんどん悲惨な状況に陥っていきます。

◎縦の線を是正する「横の線」

そこで、経営トップを中心とする経営幹部の動きを横から観察し、方向性を間

特別背任罪：役員が会社の資金を私的に使う等、任務に背く行為を行い、会社に損害を与える罪。
弁済：代金の支払い等、ある債権を消滅させる行為。
実刑判決：執行猶予が付かない刑事事件の判決。

違えていると察知したときはすかさずストップをかけ、方向性を是正する仕組みがどうしても必要です。これが「横の線」です。会社組織という「コーポレート」を、「ガバナンス」（統治）する活動ですから、「コーポレートガバナンス」といいます（以下「ガバナンス」といいます）。

　「横の線」の背後には「世論」があります。Unit 1の2-4で学んだように、会社は「社会の一員」として社会の期待に応えることを求められているからです。ですから「横の線」を担当する人たちは、常に世論にアンテナを張っている必要があります。

◎ガバナンス・タイプの歴史

　「横の線」のシステム、ガバナンスをどうつくるかは悪戦苦闘の歴史でした。なにしろ、経営トップを中心とする強力な人たちにストップをかけ、是正を求める仕事です。容易にできるものではありません。会社のガバナンスには、次のようなタイプがあります。

①監査役型

　「横の線」は、1890年（明治23年）に制定された商法の時代から「監査役」が担っていました。取締役の行為を監査することが任務とされ、適正でないと判断したときは差止めもできるのです。このように監査役がガバナンスを担当する会社のタイプを「監査役型」といいます（法律用語では「監査役設置会社、監査役会設置会社」）。

②3委員会型

　しかし、監査役がいるにもかかわらず、企業不祥事は後を絶ちません。その理由は、経営トップが監査役を含む役員の指名権、報酬決定権を握っていることにあると考えられました。そこで、経営陣からの独立性をもった「指名委員会」「報酬委員会」、そして従来の監査役的な立場の「監査委員会」と、3つの委員会を置くことが工夫されました。このように3委員会がガバナンスを担うタイプの会社を「3委員会型」といいます（法律用語では「指名委員会等設置会社」）。

③監査等委員会型

　ところが、3委員会型は要件が厳しすぎたためか、採用する企業が増えませんでした。そこで、「監査等委員会」という組織を置いて、監査に加え経営陣に対する監督や、役員の人事・報酬にも意見もいえることにするガバナンスのタイプが

監査：企業の経営活動等が適正かどうかを検証すること。
差止め：裁判所から取締役に対してその行為をやめるようにという命令を出してもらうこと。

考え出されました。これを「監査等委員会型」といいます（法律用語では「監査等委員会設置会社」）。

このように3つものタイプがつくり出されたこと自体、ガバナンスがいかに難しいかを物語っています。あなたが働く会社はどのタイプを採用しているでしょうか。調べてみて、会社がなぜそのタイプを採用しているのかを考えてみてください。新たな関心をもって会社組織をみることができます。

1-3 ホットラインの活用

◎ホットラインとは

ホットライン（内部通報制度）とは、企業の現場で起きている違法、不当、不適切な出来事を、従業員が担当窓口に報告できる制度です。「ヘルプライン」と呼ぶ企業もあります。2000年ごろから採用する企業が増え始めました。今では企業のガバナンスに必須の制度になっています。

◎ホットラインの核心

ホットラインの一番大切な点は「報告者」（通報者）の匿名性を守ることです。上司の不適切行為を報告した場合など、報告者が誰であるかがばれてしまうと、社内で「いじめ」に遭うリスクがあります。こうしたいじめなどの行為を法的には「不利益取扱い」といいます。会社もホットライン規程で「不利益取扱いを禁止する」と規定はしてはいます。けれども、報告者の氏名が明らかになってしまうと、気づかれにくいような無形のいじめが起きる可能性が高いのです。報告者の匿名性を守ることはホットラインの必須事項といえます。

◎「縦の線」「横の線」におけるホットラインの位置づけ

「縦の線」も「横の線」も、ともにホットラインを必要としています。「縦の線」からすれば「経営陣による内規・指示どおりに現場が動いているかの確認」という観点から必要です。

「横の線」からすれば、「経営陣・幹部は良識に従った適正な経営を行っているか知りたい。そのためには現場情報が一番」ということで、やはりホットラインが必要です。

よく、「社内ホットライン、社外ホットラインの両方が必要だ」といわれます

が、このことが背景にあります。

◎公益通報者保護法とホットラインの違い

公益通報者保護法の通報制度と企業のホットラインとは「同じ」だと誤解されていることが多いのですが、両者は目的が違います。公益通報者保護法は「公益」を守ることが目的です。そのため、通報対象は刑事罰の対象となる事実に限られており、刑法、金融商品取引法、食品衛生法などに違反する行為が対象になっています。これに対してホットラインは各種ハラスメントなど犯罪行為でないものでも、企業の健全な経営、レピュテーション（社会的評判）リスクに関わるものは通報対象としています。

ただし、公益通報者保護法が「公益通報者」を守るために定めている事柄は、ホットライン運営の面で大いに参考になります。具体的には、①通報者の不利益取扱いを禁止している点、②通報内容が事実かどうか不確実な場合は社内窓口に通報する、監督官庁への通報は確たる証拠となる資料等がある場合にする、その他マスコミ等外部への通報は社内に通報してから20日経っても会社が動かないときや証拠隠滅などのおそれがある場合にする、という基準などです。

なお、改正公益通報者保護法が2022年6月までに施行されることになっています。保護対象の通報者に退職後1年以内の元従業員を加える、通報窓口担当者の守秘義務が制定される、通報対象の範囲が拡大され、行政罰の対象となる行為が追加されるなどの改正がなされています。

1-4 上司の命令がコンプライアンスに反する場合の対応

◎上司の命令を検証する

さて、以上を理解した上で、「上司からのコンプライアンスに反する命令にも従うべきか」を考えましょう。

大切なのはまず「縦の線」に重きを置いて検証することです。会社が正常に稼働している以上、上司の命令は基本的には正しいはずです。それでも、あなたが「間違っている」と感じたときは、冷静にUnit 1のChapter 2で学んだ5つのコンプライアンスに照らし合わせて検証する必要があります。たとえば、データがとりにくいからといって「過去のデータ」を「現在のデータ」として流用して品質証明書に記載することは、取引先をだますことになり、「取引先コンプライ

公益通報者保護法：公益に関わる内部通報者を解雇や
不利益な取扱いから保護する法律。

アンス」に反するから不適切だ、と判断できます。その部品を組み込んだ完成品に危険性が出てくるなら「消費者コンプライアンス」にも反します。こうした検証を繰り返し行うことで、あなた自身の「判断力」を鍛えることができます。

こうした検証をした上で上司の命令が間違っていると結論がでたときは、以下のようなアクションをとることを考えてください。その行動が結局は会社の信頼を守り、消費者・エンドユーザーも守ることになります。

◎上司に意見を述べる

上司の命令は間違っていると判断したときも、「縦の線」で考えると、まずは上司に意見を述べることを検討すべきです。企業の内規や業務命令は、本来は合理的なものであるはずです。「コンプライアンスに反する命令だから従いません」ということが安易に許されるとしたら、組織が回っていきません。「違反だから従えない」というためには、それなりの根拠と検討が必要です。

実際は、上司が部下の意見でもよく聞いてくれる人かどうかを見極めて、慎重に意見を述べるのが現実的です。根拠を述べた上で「アルミ部材データ改ざん事件」(Unit 1の1-1参照) などを引き合いに出して、「もし発覚したら会社が大変なことになってしまいませんか」と慎重に説得することも試みるべきです。

意見を述べるのも難しい状況であれば、ホットラインの利用を考えましょう。

◎監査役に相談する

「縦の線」が期待できなければ「横の線」です。監査役、監査委員会、監査等委員会(以下、「監査役」と総称します)に事態を報告し、対応を求めるのです。社内出身の監査役は「縦の線」の影響を吹っ切れていないおそれがある反面、社内のことを良く知っているメリットがあります。社外監査役は完全に「横の線」ですが、社内のことを良く知らない可能性があります。その長短を考え報告するのです。

コーポレートガバナンス・コードも、「社外取締役と監査役による合議体を(内部通報の)窓口とする」など、経営陣から独立した窓口を設置することを求めています。

「監査役」と聞くと、近寄りがたい印象があるかもしれませんが、それは誤解です。私は社外監査役の経験がありますが、在任中、従業員から直接に電話、手

コーポレートガバナンス・コード：東京証券取引所が
決めた、ガバナンスについて上場企業が守るべき準則。
2021年6月11日から再改訂版の適用が開始された。

紙、面談で相談を複数回受けたことがあります。「頼りにされた」という感じがして、とてもうれしい出来事でした。ある社内出身の監査役は「誰でも相談に来られるように、人の出入りが目立たないように、監査役室の入口を工夫する」といっていました。

◎社外取締役に相談する

社外取締役も報告・相談先の1つです。ただし、社外に限らず「取締役」は取締役会という「会議体のメンバー」であるというだけで、取締役会で意見を述べたり決議で一票を投じたりすることはできますが、1人で社内の誰かに命令する権限はもっていません。命令権限をもっているのは社内の業務担当取締役です。ですから、社外取締役が「検査データの流用を命じられた」と相談を受けた場合、自分自身で行動するのではなく、取締役会の議題、報告事項として問題を提起し、取締役会の決議として社長が社内のしかるべき人に命令して対応するという流れになります。

◎ホットラインを使う

ホットラインには「社内ホットライン」と「社外ホットライン」があります(図2-2および本Unitの1-3参照)。

社内ホットラインは社内事情には詳しいのですが、「縦の線」に属しています。そのため、あなたは「報告者の匿名性を本当に守ってくれるのか」という懸念をもつかもしれません。しかし、私の知る限り、ホットライン担当者の方々は、皆誠実に匿名性を守っています。また、多くの会社がホットライン規程の中で「ホットライン担当者は、担当中も、担当を外れた後も業務で知り得たことを開示してはならない」という条項を規定しています。さらに2022年6月までに施行される改正公益通報者保護法では、内部通報窓口担当者が情報を漏えいしたときは罰金を科すことにしています。これらの状況を考えて、担当者の誠実性に信頼を置けるようであれば、社内ホットラインを使うことが考えられます。

一方、社外ホットラインは「横の線」ですから、「縦の線」から報告者の氏名を教えろといわれても教えることはありません。社外とはいえ、あなたの会社のことをよく勉強してくれている担当者であれば、話の理解が得られます。さらに弁護士が担当している場合は、弁護士法による守秘義務があります。

取締役：株主から会社の経営を委ねられた者。

これらを考え合わせてホットラインの利用を検討しましょう。

図2-2　あなたの報告・相談先

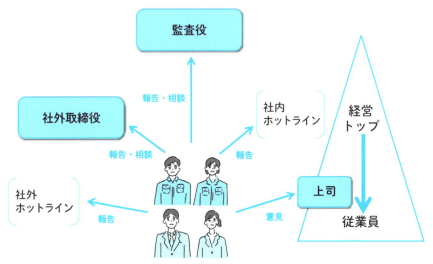

Chapter 1 まとめ

- ☑ 会社は大きくみると、「縦の線」と「横の線」とでできている
- ☑ 「縦の線」とは「内部統制システム」であり、会社が整然とキビキビと動くために不可欠である
- ☑ 「横の線」とは「コーポレートガバナンス」であり、縦の線が方向性を間違えていないかを観察し、間違えているときはストップをかけ、是正するために必要である
- ☑ 上司からの指示・命令がコンプライアンスに反すると思ったときは、縦の線として正しい指示なのかを検証する
- ☑ 「コンプライアンスに反する指示・命令である」と判断したときは、
  ①上司に意見を述べる
  ②監査役に相談する
  ③社外取締役に相談する
  ④社内ホットラインに報告する
  ⑤社外ホットラインに報告する
  などの選択肢がある

Chapter 2
あなた自身のコンプライアンス

～従業員としての「義務」～

ここではあなたと会社との基本的な関係と、会社の一員としてあなたが負っている基本的な義務、守るべきルールについて学んでいきましょう。

2-1 従業員が守るべきコンプライアンスの基本原則

◎「誠実義務」が基本

会社と従業員との間には労働契約（雇用契約）が結ばれています。「雇用契約書」には雇用期間、就労場所、業務内容、始業・終業時間などが書かれています。

しかし、労働契約を結ぶことにより、契約書に文字では書かれていない非常に大切なことが約束されます。それは、会社も従業員も、「お互いに誠実に行動し、信頼関係を築いていこう」という約束です。会社、従業員それぞれの「誠実義務」です。仮に、会社と従業員との関係が「働きます」「賃金を支払います」というだけの関係だとしたら、無味乾燥な職場になってしまいます。そこで法律も「労働者および使用者は、誠実に義務を履行しなければならない」として、このことを明確に定めています（労働契約法3条4項）。

会社側の従業員に対する誠実義務は、従業員の安全に配慮するという、「安全配慮義務」です（Unit 3の1-1参照）。

従業員の誠実義務は、就業規則の「服務規律」という項目に書かれています。以下でその主なものを整理しておきます。ただし、就業規則に明確に書かれていない事柄でも「誠実義務違反だ」とされることもあります。そのため、あなたが働く際は常に、「これで会社に対して誠実に仕事を行っているといえるか」を念頭に置いて行動することが必要です。

◎プライベートな事柄でも誠実義務が問われることもある

なお、働いているときだけではなく、プライベートな事柄であっても、従業員

労働契約（雇用契約）：会社と個々の従業員との間で結ばれた労務供給契約。

の「誠実義務」が問題になることがあります。**私生活上の出来事でも、①業務に影響が出てくる場合、②会社のレピュテーションに関わる場合などは、「会社の業務に支障を来した」「会社の信用を傷つけた」として服務規律が適用され、社内処分されることがあります**。

たとえば、飲食店での打ち上げ会で大騒ぎをして、お店の設備を壊したり、他の客に迷惑をかけたりすれば、「会社の信用を傷つけた」として懲戒問題になりえます。判例では、夜11時すぎごろ、酔っぱらって他人の家に忍び込んで住居侵入罪で処罰された従業員について、会社が「会社の対面を著しく汚したときは懲戒解雇」とする賞罰規程を適用して懲戒解雇とした事案があります（「タイヤメーカー事件」最判昭和45年7月28日）。結論的には「会社の信用、評価が低下」したとまでいえないとして懲戒解雇は無効とされましたが、プライベートな事柄でも誠実義務が問われることを示しています。

他方、ハイヤーの運転手が口ひげをはやしたことが、乗務員勤務要領の「ひげをそる」旨の身だしなみ条項に抵触するとして会社が乗務させない命令を出して問題となった事例もあります（「ハイヤー運転手事件」東京地判昭和55年12月15日）。これは私生活上ではなく業務中の事柄ですが、身だしなみはプライベートな側面もあります。裁判所は、この身だしなみ条項にある「ひげ」とは不快感を伴う「無精ひげ」などのことであり、口ひげはこれにあたらないとして、乗務を認める結論を出しています。

2-2 従業員が守るべきコンプライアンスの主要ルール

◎内規、指示・命令に従う

あなた自身が、「コンプライアンス違反」問題に巻き込まれることなく、有意義で円滑なビジネス人生を送るためには、第一に、内規、指示・命令に従うことです。それが「誠実義務」の基本です。多くの会社では、就業規則・服務規律の項目に「会社の内規を守り、指示・命令に従うこと」と明記されています。「内部統制システム」によって策定される内規、下される指示・命令は、基本的には正しいはずです。したがって**「内規、指示・命令を順守すること」が従業員の基本原則**です。

従業員が会社の内部統制に従うことは、大きい意味では会社が業務を整然と、かつキビキビと動かすことを可能にし、実績の向上につながりますので「株主

Unit 2-Chapter 2 あなた自身のコンプライアンス　　43

コンプライアンス」に貢献するものです。また、不適正な製品・サービスを世の中に出さないという点で、「取引先コンプライアンス」「消費者コンプライアンス」にも寄与するといえます。

　例外的に「上司の命令が間違っているのではないか」というときの対応は、本Unitの1-4で述べたとおりです。

◎「法令違反」をしない

　「法令違反を絶対にしない」ことも、従業員として重要な義務です。法令違反があれば会社にも、場合によってはあなたにも制裁が科されます（Unit 1の1-4参照）。

　法令順守は当然のことのようですが、継続的に守り続けることは簡単ではありません。「免震ゴム偽装事件」（2015年発覚）では、製品が国土交通大臣の認定どおりの性能であるかを検査していた担当者は、10年以上1人で事務を行っていたのですが、根拠のないデータを検査成績書に記入していました。誰もみていないところで10年間コツコツと法令どおりの検査を続けることは、大変なことかもしれません。それでも「法令違反は即アウト」です。免震ゴムの会社は不正競争防止法違反（虚偽表示）の罪に問われ、1,000万円の罰金刑を受けています（枚方簡判平成29年12月12日）。

　法令順守を続けるには、「法令違反を絶対にしない」という強い信念と忍耐力が必要なのです。

◎各種のハラスメントをしない

　パワーハラスメント、セクシュアルハラスメント、マタニティハラスメントなど、各種のハラスメントをしないことも、守るべき大切なルールです。ハラスメント（harassment）は、「困らせる、悩ます、苦しめる」（研究社『新英和中辞典』）という意味の「ハラス」（harass）からできた言葉です。要するに、職場の人たちを困らせる、苦しめる行為は何らかのハラスメントに該当するおそれがあるということです。相手が困っているか、苦しんでいるかを判断するには、「自分自身が相手だったらどうか？」として、自分自身を基準にすることが役に立ちます。ただし、自分自身には苦痛でないことも、他人にとっては苦痛である場合もあります。そのため、新聞、雑誌、テレビなどで現在の世の中の価値観や動きを知って

おくことも必要です。

ハラスメントについて、詳しくはUnit 3で学びます。

◎不正経理をしない

　飲食代、会議費、出張費などで不正経理を行うことは許されません。会社で最も大切なことの1つはお金の流れです。会社は株主の資本を元に事業を展開して、決算を行い株主に配当するためのシステムです。お金の流れが大切なのは当然です。うそをついて経費を会社からもらうことは法的には詐欺罪です。被害者はうその経費をだましとられた会社ですが、会社のお金は元をただせば株主のお金ですから、「株主コンプライアンス」に反する行為です。

　それにもかかわらず、仲間同士の飲み会費用を「会議費」として申請する、出張経費を上乗せして請求する、本当は自転車で通勤しているのに電車賃を交通費として請求するなどの行為が頻繁に起きています。また、会社の備品を持ち帰る行為は窃盗罪、横領罪にあたります。これも「株主コンプライアンス」に違反する行為です。あなたはこうした誘惑に負けないでください。

図2-3　不正経理をしない

◎職務に専念する

　従業員の「誠実義務」の重要な内容として「職務専念義務」があります。「労働契約」とは、労働者が労働し、使用者（会社）が賃金を支払うという約束ですから、

従業員（労働者）は、**勤務時間中は職務に専念し、私的な活動は控えなければいけません**。これが「職務専念義務」です。多くの会社の就業規則には明確に規定されていますが、たとえ規定されていなくても労働契約の目的からして当然の義務です。

たとえば、勤務時間中にインターネットで職務とは関係のないサイトを閲覧していれば、職務専念義務違反になります。ホットラインにも「係長がネットばかりみています」といった報告がときどきあります。

◎個人情報を守る

お客様、取引先、従業員らの個人情報は他に漏らしてはいけません。従業員情報を会社の他の従業員に漏らすことも違法です。隠し通していた氏名・住所を行政機関に開示されたために、ずっと追いかけられていたストーカーに居場所を知られ、亡くなってしまった女性がいます（「逗子ストーカー事件」2012年）。どんな人も、色々な理由で自分の個人情報は人に知られたくないと思っています。あなたは、その願い、期待に応えることの大切さを知って、個人情報を守るべきです。

個人情報について詳しくはUnit 5で学びます。

◎会社の機密情報を守る

従業員は会社の機密情報を守る義務があります。これも誠実義務の1つです。機密情報は、新製品の開発に関する技術的な情報であれ、原価率、顧客リスト、販売手数料といった販売上の情報であれ、**秘密として管理されている限り、従業員がこれらを外部に漏らすことは禁止されています。**

具体的には、「不正競争防止法」という法律が、従業員が機密情報を漏らすことを禁止しています。この法律は一定要件を満たす機密情報のことを「営業秘密」と名付けているので、「販売上の機密」と勘違いしている人がいますが、技術情報、販売情報、人事情報などすべての情報を含んでいます。こうした情報は会社が成長していくための大切な情報ですから、機密情報を漏らすことは会社の将来性を傷つけることであり、「株主コンプライアンス」に違反することになります。

機密情報の取扱いについて詳しくはUnit 5で学びます。

◎会社の信用を守る

　従業員は会社の信用を守る義務も負っています。これも誠実義務の１つです。就業規則にも「**会社の名誉や信用を損なう行為はしないこと**」などとして規定されていることが多いのですが、たとえ規定されていなくても従業員として当然の義務です。これも会社の価値に関することですから、「株主コンプライアンス」の問題です。

　特にSNSと呼ばれる、ツイッター、インスタグラム、フェイスブック、匿名掲示板などへの投稿は注意が必要です。SNSは、すさまじい情報拡散力を持っています。面白半分で書き込んだことが会社の信用を直撃することがあります。ホテルレストランのアルバイト従業員が来店した有名人の様子をツイッターに投稿したところ、「プライバシーの侵害だ」とネットで非難されて「炎上」し、ホテルの信用問題となったことがあります（「レストラン来店者情報投稿事件」同社公表2011年１月）。また、飲食店のアルバイト従業員がゴミ箱に捨てた食材をまな板に戻す動画を投稿した事案では、会社は信用を傷つけられたとして従業員を退職処分とし、損害賠償請求を検討したと報じられています（「食材バイトテロ事件」同社公表2019年２月）。

　こうした事態に対応するため、最近では「SNS利用規程」などを社内規則として定める会社が増えています。就業規則の延長として、

①会社の内部情報を投稿してはならない、

②会社の信用を傷つける投稿をしてはならない、

③役職員、顧客、取引先の個人情報に触れてはならない、

④人や組織を誹謗、中傷する表現をしてはならない、

といったルールが定められています。こうしたルールは、いわば「ネット社会のエチケット」です。あなたも、SNSに投稿するときは、こうしたエチケットを守って投稿しましょう。

Unit 2-Chapter 2　あなた自身のコンプライアンス

Chapter 2　まとめ

- ☑ 従業員として守るべきコンプライアンスの基本は「誠実義務」である
- ☑ プライベートな事柄でも「誠実義務」を問われることがある
- ☑ 会社（組織）の内規、指示・命令には従うべきである
- ☑ 法令に違反してはならない
- ☑ 各種ハラスメントをしてはならない
- ☑ 不正経理をしてはならない
- ☑ 職務専念義務に基づき、勤務時間中は職務に専念し、私的な活動は控えなければならない
- ☑ 個人情報を漏えいしてはならない
- ☑ 会社の機密情報を漏えいしてはならない
- ☑ 会社の名誉や信用を損なう行為はしてはならない

上司の命令とコンプライアンス

　「悪いことだとはまったく思わないで、一生懸命やっていたんです…」誠実そうな担当者は目に涙を浮かべながら私に切々と訴えました。ある会社でリコールすべき製品事故を官庁に届け出ないまま保留にしていたことが発覚し、大問題になっていたときのことです。担当者たちは上司から膨大なクレーム情報について「データを仕分けし、保管するように」と指示を受けたそうです。その仕分けや保管にどれほどの努力をつぎ込んだのか…。担当者の目をみていて私は胸が痛くなりました。

　その仕分け・保管の指示は、実はリコールすべき事故を選り分けて隠しておくための命令でした。あとになって不適切な目的のための指示であったと気づいた担当者たちはどんな思いだったでしょうか。それでも、「上司の命令は常に正しい」と受け止めて従わざるを得ない従業員の立場の辛さの一端がわかる思いがしました。結局、私はその会社の仕事に関与することにはならなかったのですが、上司の不適切な命令と従業員の関係の重さはずっと心に残っています。

　もう1つ、エピソードをご紹介します。初めてのお客様だったのですが、ある会社の総務部長が私に「取引先を債務不履行（契約の約束違反）で訴えてほしい」と依頼に来られました。ところが、その肝心の契約書の最後の頁の右半分が切り取られているのです。私は科学捜査の専門家ではありませんが、素人がみても明らかに右半分がギザギザに破り取られているのです。「右半分には何が書いてあったのですか」と聞くと、総務部長は「右半分なんてもともとありません」とのこと。そこでピンときました。私は契約の専門家（！）だからです。そこには会社に不利な特約が書いてあったに違いありません。聞けば「社長から、右頁は切り取って弁護士に相談してこい」と指示を受けてきたそうです。私は、右頁がないことが不自然だと独自に気づいたとして、直接社長に依頼を断ることを伝えました。

　本文で私は「内部統制システムによって策定される内規、下される指示・命令は、基本的には正しいはずです」と書きました。しかし、現実の世の中では上司、ときには役員が不適切な指示・命令をすることがないわけではありません。役員、上司の人たちすべてがコンプライアンス意識に目覚めてくれること、そして会社の「横の線」、ガバナンスがもっともっと強くなることを願わずにはいられません。

Unit 3

あなたと職場とコンプライアンス

「台風は、昨夜のうちに日本海に抜けたそうだ。まずは『重点販売政策地域』の奥之山村に営業に行ってくれ」
「でも、今朝のニュースでは、あの一帯は大雨で地盤が緩み、がけ崩れのおそれがあるといっていました。怖いので、できれば今日は行きたくないんですが…」
「今朝はスカッと快晴じゃないか！　大丈夫だよ。がんばって行ってくれよ」

　台風一過の朝、ある地方営業所で、外回りに出かけようとしている営業担当者が、営業所の所長に呼び止められています。
　所長の「一刻も早く営業再開を！」という気持ちはわからないわけではありませんが、がけ崩れなどの災害が予測される地域へ営業に行くことを、業務命令として強制しても良いのでしょうか。会社は職場で働く従業員の安全に配慮するのが基本です。
　Unit 3では従業員の期待に応える、「従業員コンプライアンス」を中心に学びます。

Chapter 1

安全・安心に働く

～会社の安全配慮義務～

　あなたをはじめ、誰もが「安全に働きたい」と願っているはずです。そして、会社は従業員の安全に配慮する義務（安全配慮義務）を負っています。安全配慮義務は、「安全に働きたい」という従業員の期待に応えるものであり、従業員の生命・健康に関する事柄ですから、最も重要な「従業員コンプライアンス」の1つです。ここでは、あなたが働く中で、安全配慮義務がどんな場面に関係するのか、確認していきます。

1-1 会社の「安全配慮義務」

◎安全配慮義務という原則

　あなたと会社とが結んでいる「労働契約」の内容は、単に「働きます」「賃金を払います」というだけの無味乾燥なものではありません。たとえ契約書に言葉で書かれてはいなくても、「お互いに誠実に向き合っていきましょう」という内容が含まれています（誠実義務。Unit 2の2-1参照）。

　会社側の誠実な向き合い方の1つが、「従業員の安全に配慮します」という書かれざる約束です。これを会社の**安全配慮義務**といいますが、1975年にこれを認める判例が出て以来（「自衛隊車両整備工場事件」最判昭和50年2月25日）、多くの判例が積み重ねられ、ついには法律でも明記されました。労働契約法に「**使用者（会社）は労働者がその生命、身体等の安全を確保しつつ労働することができるよう、必要な配慮をする**」という旨の条文が規定されたのです。

　たとえば、大雨や台風の影響で地盤が緩んでおり、自社の得意先のある特定の地域で「がけ崩れ」が予測され、そのことがテレビやラジオ、インターネットなどでも報道されている状況であれば、会社側はどうすべきでしょうか。「がけ崩れもありうる。そうなると、その地域で働くウチの従業員が危ないかもしれない」と予測して、「その地域での営業活動はしないように」と従業員の安全に配

慮した業務命令を発して管理を行えば、安全配慮義務を果たしたといえるでしょう。

◎あなたも安全配慮義務の担い手に

会社の安全配慮の仕方に不十分な点があって従業員に被害が生じた場合、その従業員または遺族は、会社に対して損害賠償を請求することができます。法的な根拠は、民法の「不法行為」（会社の安全配慮が不十分で損失が生じた）、「債務不履行」（会社が安全配慮を行うという労働契約に反したことで損失が生じた）です。

「会社の安全配慮の仕方」といいましたが、これは実質的にはそこで働く全役職員一人ひとりによる、安全配慮に向けた努力にかかっています。つまり、あなた自身も、職場の周囲の人たちに対する安全配慮義務の「担い手」なのです。

また、安全配慮義務違反で人身事故が生じた場合は、刑事事件となり、従業員のうち責任者が業務上過失致死傷罪に問われる可能性が出てきます。つまり、あなたに1人でも部下がいれば、安全配慮義務違反があったときは、民事責任に加えて刑事上の責任も問われる可能性があるということです。安全配慮義務は決して「他人事」ではないのです。

とはいえ、「安全配慮義務違反になるのが怖い」と消極的になる必要はありません。「部下、同僚、上司らの安全を確保するためにはどうすればよいか」という積極的な発想で働けば良いのです。その方が業務も着実になり、安全のための前向きなアイデアも生まれてきます。

1-2 「安全配慮義務」の具体例

◎設備・機器類の整備・点検を実施する

以下ではさまざまな場面での安全配慮義務を整理しますが、決してこれらに限られるものではありません。従業員の安全に関する事柄については、会社は常にまんべんなく配慮する義務があります。また、以後の説明の中では「会社」という主語を用いてはいますが、実質的にはそこで働くあなたを含む、全役職員一人ひとりが実践することです。そのことを意識した上で、読み進めてください。

まず、工場や作業場などの設備、機器類については、会社は、安全装置の稼働も含め、整備・点検を十分に行い、安全に作動するようにメンテナンスをしてお

不法行為：故意・過失による違法行為で他人に損害を
与えること。

く義務があります。また、取扱説明書を紛失し、十分なメンテナンスができなかったため事故に至ったケースがあります。購入した機械設備、器具などについては、「取扱説明書」「関連工具」などを、場所を決めて保存しておくべきです。

◎オフィスの防災体制を整備する

オフィスについては防災体制を整備することが大切です。火災報知器、スプリンクラーなど火事への備えは十分か、非常口の前に物を置いていないか、地震や水害への備えは十分か、食料の備蓄は大丈夫かといった点を確認しておくべきです。消防法、建築基準法など法令上の基準を満たしていればそれで十分というわけではありません。オフィスの特性に則して基準以上の備えをする必要性も考えるべきです。「コンプライアンスは法令順守を超える」(Unit 1の1-4参照)という言葉を思い出してください。

◎健康診断

安全配慮ではこうした設備・機器類の整備にもまして大切なのは、従業員の健康管理です。労働安全衛生法と同規則はこうした観点から、会社は従業員を採用するときは健康診断を受けさせなければならず、その後も年1回以上、従業員に健康診断を受けさせなければならないとしています。費用は会社が負担します。違反すると罰則が科されます。他方、労働安全衛生法は従業員にも健康診断を受けることを義務づけています。受けなかった場合の罰則はありませんが、健康診断は「安全で健康な職場」を実現するための制度です。積極的に受けるようにしましょう。

会社は、健康診断の結果を記録し、健康診断を受けた従業員に結果を通知することになっています。心配なのは「プライバシーの保護」ですが、健康診断業務に携わった者に対しては守秘義務が課されています。

会社は診断の結果、異常ありという所見であれば、医師・歯科医師の意見を聴いた上で就業場所の変更、作業の転換、労働時間の短縮など、必要な措置をとるように求められています。

従業員のメンタル的な負担にしぼって行う検査(ストレスチェック)も行われるようになっています。

◎指示・命令を発する際も安全に配慮する

　会社には、従業員の具体的な心身の状況、業務の内容、難しさなどを考慮し、従業員にリスクが生じないかを予測した上で、具体的な指示・命令を発することが求められます。必要に応じて安全確保上の注意も与えなければなりません。たとえば、強い地震で営業所が被害を受けたという情報が入り、どうしても確認に行く必要があって、現場視察を命じるときは、「余震の警報があればすぐに引き返せ」「現場でガレキの踏み抜きに注意」「粉じんが舞っていることもありうるのでマスクを持参」といった具体的な注意を与えることが求められます。

◎安全教育を行う

　安全確保の重要性については、従業員一人ひとりが身に染みて学ぶことが大切です。設備、機器のリスクなどについては実物の機器類を示しながらリアルな研修を行うなどして教育することが理想です。

　「研修」について、宿直中の従業員が強盗の犠牲となった事件で裁判所は、「会社は、宿直員の危険回避の知識を高め、適切な対応をできるように、安全教育を十分に行うべきであった」として、教育の必要性を指摘しています（「呉服商事件」最判昭和59年4月10日）。

　しかし、そうした研修を行ってさえ、災害、そして設備や機器などによる事故の本当の怖さはなかなか実感できないものです。最近では、作業者が衣服の一部を機械に挟まれてみて「巻き込まれる瞬間」の恐怖を味わうようなタイプの研修が、「疑似体験研修」として行われています。

　オフィス全般の安全教育に関しては、安全配慮義務の観点からも、火災・地震に対する従業員の「避難訓練」が大切です。飲食店の火災で客と従業員が犠牲となった事件では、店の経営者らが業務上過失致死傷の疑いで逮捕され、有罪となっています（「居酒屋火災」東京地判平成25年2月13日）。2012年3月6日の朝日新聞夕刊では、経営者らは「消火器や火災報知器が正常に作動しないのを放置したり（中略）、従業員に避難誘導訓練をさせなかった疑い」があると報道されています。

　事故や災害は決して「他人事」ではありません。研修や訓練は「自分や同僚の身を守るためのもの」という意識をもって取り組みましょう。

Unit 3-Chapter 1　安全・安心に働く　　　55

◎勤務ぶりを見守る

　長時間労働などきつい勤務状況が続くと、従業員は心身ともにダメージを受け、うつ病や脳・心臓疾患などさまざまな病気にかかるリスクが出てきます。ストレスチェックが必要なのはそのためです。会社は「従業員コンプライアンス」として、常に従業員の勤務状況を見守り、「心身の健康を保てる職場環境であるか」を見守る必要があります。こうした義務も安全配慮義務の1つで、特に「健康配慮義務」ということがあります。

　特定の従業員に何らかのリスクの兆候を感じ取ったら、直ちに、その人の労働時間の再確認、本人や周囲の人々へのヒアリングの実施などを行い、労働時間の調整、必要であれば産業医などに診察を依頼するなどの対応措置をとるべきです。従業員が長時間労働でうつ病となり、自殺に至った事件では、裁判所は、その従業員が「元気がなく、暗い感じで、うつうつとし、顔色が悪く、目の焦点も定まっていない」状態になっていたことをあげて、上司は「健康状態が悪いのではないかと気づいていた」と指摘しています（「Ａ広告代理店事件」東京地判平成8年3月28日）。

　上司が、問題があると気づいているのに対応をとらず、経営陣に報告・相談もしないとなると、結果的に会社は何の対応もできません。それは重大な「従業員コンプライアンス違反」であり、法的には会社が安全配慮義務違反となります。Ａ広告代理店事件では、最高裁判所で企業の安全配慮義務違反が認められ、そのことを前提に東京高等裁判所で裁判をやり直すようにと命じられて、Ａ広告代理店が遺族に対して損害賠償を支払う和解が成立しました。

　あなたが上司という立場ではなくても、できることがあります。同僚の元気のない様子や健康状態が気がかりである場合は、そのことを上司に相談してください。

◎安全配慮体制を周知する

　ここまで述べてきたような安全配慮についての会社の取組みを、あなたはこれまでどの程度認識していたでしょうか。会社は、できる限り、具体的に実施している安全対策を、社内に周知すべきです。「会社は自分たちの期待に応えて、ちゃんと安全に配慮してくれている」と知れば、あなたをはじめ、従業員の心の中には「安心」が生まれるはずです。その「安心」が働きやすい職場を支え、業務

の効率アップにつながります。

図3-1　職場の「安心」はこうして生まれる

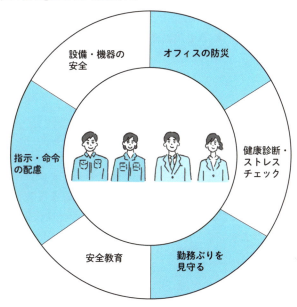

1-3　安全配慮義務を具体化した「労働安全衛生法」

　以上の安全配慮義務の一部を具体化したものが「労働安全衛生法」です。同法は労働者の安全と健康、そして快適な職場環境を守るための法律です。その目的に向けて同法は事業者に対して、常時使用する労働者の人数や業種により、衛生管理者など各種管理者や産業医の選任、安全委員会、衛生委員会の設置を、罰則をもって義務づけています。また、年1回の健康診断や保健に関する研修の実施、年1回以上のストレスチェックを行うことなども求められています。

1-4　感染症リスクが生じている場合の「安全配慮義務」

◎設備・機器、オフィスの安全対策

　ウイルスなどによる感染症が生じている場合、会社としては、従業員への安全

配慮のために、工場の設備・各種機器・オフィスの除菌、アルコール消毒ボトルの設置、換気、空気清浄機の設置、ソーシャルディスタンスを意識して座席はゆったりと配置、座席間のパーティション設置など、感染リスクを下げるために、できるだけの措置を講じることが求められます。新型コロナウイルス(COVID-19)では「換気」が極めて重要であると報告されています。

また、来訪者に対しては、入口での検温、手の消毒をお願いし、商談は玄関ロビーに限るといった対策も行うべきです。

◎指示・命令の留意点

業務上の指示として、従業員にマスク着用、手洗いの励行を命じることが必要です。また、「集団感染(クラスター)発生地域」の情報をチェックしておき、その地域への外回り業務は避けるように指示します。

従業員同士、従業員と消費者、従業員と取引先との人的な接触を可能な限り減らします。接触する場合も、「大声で話さない」「握手などはしない」といった具体的な注意を指示します。

◎働き方の工夫

従業員と他の従業員、外部の人々との接触を減らすため、テレワーク、リモートワーク、交代制勤務、短時間勤務などを導入している会社も多くなりました。「テレワーク」は通信機器を利用して、時間や場所を有効に活用できる柔軟な働き方のことで、以前から使われていた言葉です。「リモートワーク」は2020年に入って新型コロナウイルスの感染症が広まり始めてから普及した言葉で、通信機器を利用する場合に限らず、会社以外の場所での勤務を広く意味しています。

これらの勤務形態をとると、会社として労働時間管理や勤務ぶりを見守ることなどが困難となるので、「日報を書いてもらう」「始業時・終業時にメールで報告してもらう」など、安全配慮の実践には工夫が必要になります。

また、感染症に対応するためのさまざまな安全対策も、社内に周知するべきです。テレワーク体制などをとっている場合は、会社がオフィスワークや営業活動、来社商談などで、現在どのような対策をとっているのか、今後の見通しはどうかなどについて、メールなどで情報をきちんと伝えることが必要です。

テレワークだと、つい時間オーバーで働きすぎてしまう例が多いと報告され

ています。あなた自身の健康管理に気をつけましょう。

1-5 労働災害に遭ったときの対応

◎労災保険

　従業員が、業務上、負傷・病気・障害・死亡の災害を被ることを「労災」(労働災害)といいます。労災が発生したことについて会社に「落ち度」(過失)があるときは、従業員は会社に対して損害賠償を請求することができます。しかし、実際のところ、従業員が会社に対して賠償請求をするのは、裁判まで考えると大変な負担です。また、会社側に賠償金を支払えるだけの資金が常にあるとも限りません。

　そこで、労働者災害補償保険法に基づき「労災保険」(労働災害保険)という制度があります。労災を被った従業員に対して国が補償を行う制度です。「業務上の災害」に加えて「通勤途上災害」も補償の対象とされています。

　労災補償は、労災を被った従業員(死亡の場合は遺族)が、労基署(労働基準監督署)に備えてある書類に必要事項を記入して労災保険の給付請求をするところから始まります。請求を受けた労基署は必要な調査を行い、労災に該当すると判断すれば「労災認定」を行い、保険の給付が行われます。

　なお、労災保険の給付が行われた場合でも、従業員や遺族にそれ以上の損害があるときは、民事裁判で会社を訴えることもできます。

図3-2　労災補償

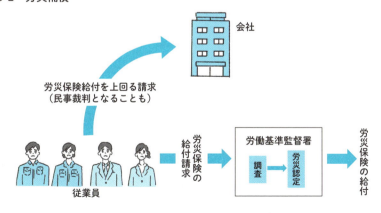

◎労災の判断は難しいことがある

労災認定の際には、「業務上の」災害といえるかが問題になることがあります。たとえば、同僚の送別会に出席していてケガをした、帰宅途中で立ち寄った飲食店でケガをしたといった例です。

また、ホットラインにはときどき、「かなりのケガをしたのに、『この程度のケガは労災に該当しない』と上司にいわれた」といった報告が寄せられています。

労災の給付申請をするのは従業員の権利です。また、調査を行い労災かどうか判断するのは労基署です。仮に会社側が「この程度のケガで労災申請などするな」というように、労災に該当すると知っていて妨害すれば、「従業員コンプライアンス」違反です。

なお、会社は労働者が労災で負傷し、休業、死亡したときは労基署に届出をする義務（労働者死傷病報告）を負っていますので、労災であるのに申請させないとしたら、その報告義務との関係でも問題となります。

Chapter 1　まとめ

- ✓ 会社は従業員の安全・健康を守る「安全配慮義務」を負っている

- ✓ 安全配慮義務は、実質的にはそこで働くあなたを含む、全役職員一人ひとりが実践するものである

- ✓ 会社の設備・機器の整備点検を行うことは、安全配慮義務の1つである

- ✓ オフィスの防災体制整備も安全配慮義務の1つである

- ✓ 健康診断、ストレスチェックは進んで受けることが望ましい

- ✓ 指示・命令を発する際にも安全配慮が必要である

- ✓ 安全確保の研修を行うのも安全配慮義務の1つである

- ✓ 従業員の勤務ぶりを見守ること（健康配慮義務）は、安全配慮義務の1つである

- ✓ 感染症の流行など特別なリスクが予測されるときも、安全配慮義務を果たすことが求められる

- ✓ 業務上の災害を被った従業員は労働災害保険の給付を請求できる

Chapter 2
お互いの「人格」を尊重し合う職場づくり
〜ハラスメントの防止〜

　自分の職場は「働きやすい職場」であってほしいものです。働きやすい職場となる要件の1つは「ハラスメントのない職場」であり、各種ハラスメントを防止することは「従業員コンプライアンス」の重要項目です。ここでは、ハラスメントとはどのようなものか、あなたの職場からハラスメントをなくすためにはどのようなことを意識すれば良いか、考えていきましょう。

2-1　ハラスメントを防止すべき理由

◎ハラスメントの悪質性のポイント

　ハラスメントを防止しなければならない理由は、ハラスメントが人の「人格」を傷つける、悪質な行為だからです。「人格」とは、「その人のものの考え方や行動の上に反映する、人間としてのあり方」（三省堂『新明解国語辞典』）です。ハラスメントは人の生き方、価値観、いわば「人格」そのものを傷つける行為であり、決して許されないことです。

　人の生き方、価値観を傷つける行為がハラスメントですから、「パワーハラスメント」「セクシュアルハラスメント」などに限らず、さまざまなハラスメントがあり得ます。

　たとえば、打ち上げの席で、お酒を飲まないことを個人的な信条としている部下に向かって、上司が「私の酒が飲めないのか！」と執拗に要求するケースを考えてみましょう。これはいってみれば「アルコールハラスメント」ですが、別に名前を付けなくても、人の生き方、価値観を傷つける行為なので、ハラスメントになります。ハラスメント（harassment）が人を「困らせる、苦しめること」という意味であったことを思い出せば理解できると思います（Unit 2の2-2参照）。

◎ハラスメント防止は安全配慮義務の1つ

このようにハラスメントは人格、いってみれば「心」を傷つける行為ですから、被害を受けた従業員が精神的なダメージを被り、うつ病を発症するなど、メンタル面で健康を害することが少なくありません。ハラスメント防止は会社の「安全配慮義務」の1つでもあるのです。

2-2 パワーハラスメント

◎パワーハラスメントの定義

職場の「パワーハラスメント」の定義は、2019年5月に改正された労働施策総合推進法によれば、「職場において行われる優越的な関係を背景とした言動であって、業務上必要かつ相当な範囲を超えたものによりその雇用する労働者の就業環境が害されること」とされています。

「優越的な関係」が背景にあることが成立要素なのですから、上司から部下に対する関係に限らず、部下から上司に対する関係でも、また同僚間でもあり得ます。「優越的な関係」とは、役職や立場のみならず、業務に精通しているかどうかなども含まれるからです。

また、「就業環境を害」するとは、ハラスメントの直接の被害者に害を与えるのみならず、職場の雰囲気を悪くすることも含まれます。

◎パワーハラスメントの事例

職場で上司・先輩が、部下・後輩に対して業務上の指導を行うのは当然のことです。そこで、どういった指導なら「業務上必要かつ相当な範囲を超えた」とされハラスメントと判断されるのかが問題です。

これまでに判例で認定されたパワーハラスメントの事例と、判断のポイントをいくつか挙げておきます。

①上司が喫煙者である部下に対して「12月であるのにタバコの匂いがする」と扇風機を回した事例（「扇風機事件」東京地判平成22年7月27日）
　業務上の指導を行うために扇風機は必要ありません。

②ミスをした部下が上司に「辞めてしまえ」「いない方がいい」「あほじゃねえか」といわれ退職した事例（「銀行事件」岡山地判平成24年4月19日）
　「辞めろ」「あほ」などの言葉は業務指導で奮起を促すための言葉とはいえま

Unit 3-Chapter 2　お互いの「人格」を尊重し合う職場づくり　　63

せん。
③コンビニの従業員に対して店主、店長が継続的に暴行を加えた事例(「コンビニ事件」東京地判平成28年12月20日)

　どんなに熱心な指導であれ、暴力をふるうことは業務上「相当な範囲を超え」ています。刑法が適用され、暴行罪、ケガをさせれば傷害罪になります。

◎パワーハラスメントで被害が生じたときの法的責任関係

　たとえば上司が「辞めてしまえ」などと部下を大声で叱りつけ、頭をポカリとたたいたとします。暴言や暴力は「業務上必要かつ相当な範囲」を超えていますから、当然、パワーハラスメントが成立します。その場合、上司は部下に対して民法の不法行為として損害賠償責任を負います。また、会社が次に述べるようなパワーハラスメント対応を怠っていたとされれば、その上司の使用者として、使用者責任を負い、やはり被害を受けた部下に対する損害賠償責任を負うことになります。

　上司は、内規に照らして社内処分を受けます。さらに、ポカリとたたいた点については、刑事事件として「暴行罪」「傷害罪」の刑事責任を追及される可能性があります。

図3-3　パワーハラスメントの法的責任関係

◎会社のパワーハラスメント防止義務

　労働施策総合推進法によって、会社には、

使用者責任：会社が、雇用する従業員が業務に際して第三者に加えた損害を賠償する責任。

①パワーハラスメントについて従業員の相談に応じられる体制・適切に対応できる体制の整備、

②相談した従業員や、対応に協力して事実を述べた従業員に対する不利益取扱いの禁止、

③パワーハラスメントの問題について理解を深めるための研修の実施、

などが義務づけられています。

①の「相談に応じられる体制」には、ホットラインが含まれます。実際にホットラインに寄せられる相談案件のかなりの割合を、パワーハラスメント事案が占めています。

なお、改正労働施策総合推進法は、大企業については2020年6月1日から施行されています。中小企業については2022年4月1日から施行され、それまでは努力義務とされています。努力義務とはいえ、「コンプライアンスは法令順守を超える」のですから、中小企業も直ちに、パワーハラスメントに関して従業員への配慮を実行すべきです。

2-3 セクシュアルハラスメント

◎セクシュアルハラスメントとは

セクシュアルハラスメントとは、業務を遂行する際に行われる、相手の意に反した性的な言動であって、仕事を行う上で不利益を与えたり就業環境を害するなど、人を不快にさせる行為です。「不快にさせる」とは、行為者の性的な言動によって、他の人がその生き方、価値観を傷つけられ、心を傷つけられるという意味であり、ここにセクシュアルハラスメントの本質があります。したがって身体的接触がない場合でも、他の人の心が傷つけられればセクシュアルハラスメントになります。また、「業務を遂行する際に行われる」行為が問題なのですから、取引先を接待する場、飲食店での社内懇親会の場での行為なども対象です。実際、多くの会社で懇親会でのハラスメントが起きています。

セクシュアルハラスメントは男性から女性へとは限りません。女性から男性へのハラスメントも、同性間のハラスメントもあり得ます。

◎セクシュアルハラスメントの事例

以下、裁判でセクシュアルハラスメントと認定された具体例とともに、どのよ

中小企業：資本金3億円以下（小売業・サービス業は5,000万円、卸売業は1億円）、または従業員が300人以下（小売業は50人、卸売業・サービス業は100人）の企業。
努力義務：法律の条文で「～するよう努めなければな

らない」などと規定された義務のこと。必ず順守しなければならない「義務規定」と異なり、違反しても刑事罰・行政罰の対象にはならない。

うな言動が該当するのか、学んでいきましょう。

①職場での上下関係を背景に性的関係を迫る行為

　上司など、職場で優越的な立場にある者が、上下関係を背景に従業員に性的な関係を迫ればセクシュアルハラスメントに該当します。上司が契約更新時期を迎えた契約社員に、「付き合ってくれれば、契約を更新するよ」といって性的関係を迫るなどの事例は典型的です。

　また、会社の取締役会長が従業員女性に「温泉にでも行こう」「ドライブに行こう」と誘い、病院に見舞ったときに女性の身体に触れた行為について、裁判所は、被害に遭った女性従業員に対し「不快感を与え、人格を踏みにじるものである」として不法行為が成立するとしています（「B広告代理店事件」東京地判平成8年12月25日）。

②職場で性的な言動を行い、従業員に不快な思いをさせる行為

　性的な関係を求めるものではなくても、特定の従業員や複数の従業員に性的な言動によって嫌がらせを行えば、セクシュアルハラスメントに該当します。

　雑誌社の事例で、アルバイトから正社員となり、編集業務も行うようになった女性について、編集長が「（あの女性は）デザイナーと異性関係がある」「係長とは仕事以上の関係がある」などと発言して女性の評価を下げたことが不法行為になるとしたものがあります（「キャンパス雑誌事件」福岡地判平成4年4月16日）。

　また、水族館の事例で、男性従業員が女性従業員2名に対して1年にわたって「夜の仕事とかしないのか」「結婚もしないで何をしている。親が泣く」などといい続けた事案で、会社が「従業員の就業意欲を低下させる」として出勤停止、降格、減額などの社内処分をしたところ、処分対象者が処分の有効性を争った事案があります。最高裁は「女性従業員に対して強い不快感や嫌悪感」を与えるもので、処分は有効だと判断しています（「水族館事件」最判平成27年2月26日）。この事案で裁判所は「不快感」を与えることがハラスメントだと明確に述べています。

◎セクシュアルハラスメントで被害が生じたときの法的責任関係

　セクシュアルハラスメントを行った従業員（行為者）は、不法行為として被害者に対して損害賠償責任を負います。暴行脅迫により強制的に性的接触行為をした場合、強制わいせつの罪に問われます。当然、社内処分も行われます。

また、会社も行為者を雇用していたのですから、「使用者責任」として被害者に対して損害賠償責任を負う可能性があります。

◎会社のセクシュアルハラスメント防止義務

会社は、男女雇用機会均等法により、

① セクシュアルハラスメントの被害者からの相談に応じられる体制、適切な対応ができる体制を整備すること、

② 相談を行ったこと、会社による調査で事実を述べたことを理由に、不利益取扱いをしないこと、

③ セクシュアルハラスメントに関する従業員の理解を深めるために研修を行うこと、

を義務づけられています。

さらに、これらの義務を強化するため、厚生労働大臣は企業に対して必要に応じて報告を求め、助言、指導、勧告を行うことができ、さらに勧告に従わなかったときは社名を公表することができる制度が導入されています。

グループ会社に対する親会社の指導も求められます。あるグループ会社で、グループ全体の通報を受け付けるグループホットラインが設置されているとき、子会社で起きたセクシュアルハラスメントの被害者がそのホットラインに通報した場合は、親会社は信義則上、相談に対応する義務があると判断した裁判例があります（「プリント基板会社事件」最判平成30年2月15日）。

企業はグループ全体でコンプライアンス体制を整備しなければならない時代です。親会社はグループ指導体制を、今後、ますます充実させていく必要があります。

2-4 その他のハラスメント

◎マタニティハラスメント

「マタニティハラスメント」とは女性従業員の妊娠、出産に関するハラスメントのことです。2017年から施行されている改正男女雇用機会均等法に「会社は女性労働者の妊娠、出産、休業に関する事柄で女性労働者の就業環境が害されることのないように、相談に応じられ、適切に対応できる体制を整備しなければならない」という旨の規定が設けられました。

信義則：契約の履行は相手方の信頼を損なわないように誠実に行うべきという原則。

女性は妊娠から出産まで大変な思いをしています。本来職場全体でそうした女性を応援すべきものであり、妊娠、出産、育児休業に関して嫌がらせをすることは、もともと従業員コンプライアンスに反する行為です。したがって、法律で新たにマタニティハラスメントという考え方が出現したのではなく、従業員コンプライアンスの1つが法律に明記されたと考えるべきです。

育児・介護休業法が改正され、2021年1月1日からは子どもの看護休暇や介護休暇を時間単位で取得することが可能になりました。男性の育児休暇・育児休業の取得も推進されています。それだけに、育児休暇・育児休業の取得に関するハラスメント対策が必要です。女性の場合はマタニティハラスメントの1つですが、男性の場合は「パタニティハラスメント」と呼ばれます。

同法は育児休暇の取得などで問題が起きたときの相談体制、適切に対応できる体制の整備を企業に義務づけています。相談をしたこと、会社の調査に際して事実を述べたことを理由とする「不利益取扱い」は禁止されています。

◎ダイバーシティと真のグローバル化

「**ダイバーシティ**」（diversity）とは「多様性」を意味する言葉です。近年、「職場のダイバーシティを充実させるべきだ」という考え方が提唱されています。従来は、「人種、性別、宗教などの多様性を保つべきだ」という意味でいわれてきましたが、最近では、そこにさらに性的少数者・高齢者・障がい者等も含めた「多様性」を確保して、企業活力を向上させようというスローガンとして使われています。

同性愛者などの性的少数者は、「LGBTQ」などと呼ばれます。性的少数者への差別や偏見に基づく発言やからかいなどは、典型的なハラスメントです。

ビジネスのグローバル化に伴い、今後、心配されるのは宗教や食文化に関するハラスメントです。真のグローバル化とは単に海外企業と取引を行い、海外の人とビジネスの話をすることだけではありません。多くの国や地域の人々それぞれの生活習慣、宗教、食文化などを相互に理解して、尊重し合うことです。

自分と相手との違いを理解できず、受け入れられないまま付き合ってしまうと、ハラスメントが発生するおそれが出てきます。少数派に対する多数派からの同調圧力も、ハラスメントになりかねません。

さまざまな観点からお互いの違いを認め合い、人格を尊重し合う職場を築く

LGBTQ：性的少数者を表す言葉の1つで、女性の同性愛者Lesbian、男性の同性愛者Gay、両性愛者Bisexual、身体と心の性が一致しない人Trans-gender、自分の性や性的指向がわからない人Questioningの総称。

ことができるかが問われています。ダイバーシティに富んだ職場からは、斬新なアイデア、活力が生まれるものと期待できます。あなたと異なる価値観、文化や背景をもつ人に対する、あなた自身の言動がハラスメントになっていないかどうか、ときどき振り返ってみてください。

Chapter 2 まとめ

- ☑ ハラスメントは、人の「人格」を傷つける、決して許されない行為である
- ☑ パワーハラスメントとは、職場での優越的な地位を背景に、業務上必要かつ相当な範囲を超えて行われるもので、就業環境を害する行為である
- ☑ パワーハラスメントは部下から上司に対しても、同僚間でも成立する
- ☑ パワーハラスメントが起きれば行為者はもちろん、会社も被害者に対して損害賠償責任を負うことがある
- ☑ セクシュアルハラスメントとは、業務を遂行する際に行う性的な言動であって、他の人を不快にする行為である
- ☑ セクシュアルハラスメントは女性から男性に対しても、同性間でも起きうる
- ☑ 会社はパワーハラスメントやセクシュアルハラスメント等についての相談体制、対応できる体制を整備することが義務づけられている
- ☑ 価値観や文化、背景など、お互いの違いを認め合い、人格を尊重し合うことで、職場のダイバーシティや真のグローバル化が実現する

Chapter 3

勤務をめぐるルール

～労働、休日の管理と多様な働き方～

　長時間労働による健康被害の発生、過労死、過労自殺、有給休暇がとれないなど、労働時間と休日の管理については「従業員コンプライアンス」の問題が多発しています。こうした事柄について、あなたの職場で法令違反やコンプライアンス違反を防ぐために、基本的なルールを知っておきましょう。

3-1 労働時間の基本ルール

◎「1日8時間、週40時間」「週1日休日」の基本原則

　労働基準法では、会社は従業員を、休憩時間を除いて、1日に8時間以上、1週間に40時間以上、労働させてはいけないという「基本原則」が定められています。この「1日8時間、週40時間」を「法定労働時間」といい、これに対して、会社が決めた始業時間から終業時間までの時間から休憩時間を引いた時間を「所定労働時間」といいます。また、同法では会社は従業員に毎週少なくとも1日の休日（4週間に4日）を与えなければいけないと定められています。これを「法定休日」といいます。

◎適用除外

　なお、「管理監督者」や、「高度プロフェッショナル」については労働時間、休憩、休日に関する労働基準法の規定は適用されません。
　また、専門業務型や企画型の「裁量労働者」は政令で定められた時間、働いたものとみなされるので（みなし労働時間制）、やはり労働時間、休憩、休日に関する労働基準法の適用は受けません。

管理監督者：労働条件の決定その他労務管理について経営者と一体的な立場にある者。役職名ではなく、その職務内容、責任と権限、勤務態様等の実態によって判断される。

高度プロフェッショナル：会社側と労働者側の代表で作る「労使委員会」で認められた者で、高度の専門知識を使う職務に従事し、収入も高額の者。例：ファンドマネージャーなど。

3-2 「36協定」と上限設定

◎36協定による「時間外労働」「休日労働」の扱い

法定労働時間、法定休日の基本原則には**重大な例外**があります。会社は従業員側との間で、対象労働者と対象期間を内容に含む協定を「正式な手続き」により結べば、この基本原則を超える労働時間や、休日の労働をさせることができるという例外ルールです。根拠となる協定が労働基準法36条に基づく協定なので、「36協定」と呼ばれています（「36」は「さぶろく」と読みます）。

36協定が締結できれば、会社は、従業員に法定労働時間を超えて、また、法定休日に労働させることができます。これらを「法定労働時間外労働」「法定休日労働」といい、それぞれ簡単に「時間外労働」「休日労働」といっています。

ただし、時間外労働の時間は、必ずしも、会社が定める所定労働時間を超えた分からカウントされるわけではありません。たとえば、あなたの勤める会社で所定労働時間が1日7時間30分であった場合、法定労働時間は8時間なので、所定労働時間外であと30分労働させたとしても、それは法律上、時間外労働にはなりません。また、たとえば9時が所定の始業時間であった場合、それより早い7時から始業したのであれば、16時で労働時間が1日8時間となりますので、それ以降の超えた分は時間外労働です。

◎割増賃金

会社は、**法定労働時間を超えて従業員を働かせた場合、割増賃金を支払わねばなりません**。その基準は、図3-4のとおりです。

図3-4 割増賃金

対象となる労働時間	通常の賃金に対する割増率
・1カ月の合計60時間までの時間外労働 ・午後10時〜午前5時までの深夜労働	25％増以上
・1カ月60時間を超える時間外労働	50％増以上※
・休日労働	35％増以上

※中小企業は2023年4月1日以降

裁量労働者：会社側と労働者側の代表とで定めた「協定」に基づく働き方で、会社から任されて自分の裁量で働くタイプの従業員。

正式な手続き：会社が、従業員の過半数で組織する労働組合があるときはその組合、なければ過半数従業員の代表者との間で書面による協定を締結し、その書面を労働基準監督署に届け出るという厳格な手続きのこと。「労使協定」という。

◎「１カ月45時間、１年360時間」の上限設定と「特別条項」

　36協定で決めることのできる時間外労働には、「１カ月45時間、１年360時間」という「上限」が定められています。以前は36協定さえ結べば時間外労働の上限はないと受け止められていたため、長時間労働による健康被害、過労死、過労自殺が数多く発生しました。そこで、働き方改革の一環として労働基準法の改正が行われ、上限が設けられました。

　この上限も、臨時的で特別な事情がある場合は、36協定に「特別条項」を設けて、さらに上げることができます。特別条項の運用については、図3-5のような細かい規制が定められています。これらのルールに違反した場合は刑事罰が科されます。

図3-5　労働時間の基本原則と36協定

	日	週	月	年
基本原則	８時間	40時間		
36協定による時間外労働の上限	（月に20日出勤するとして、１日に換算すると）２時間15分		45時間（年６カ月を限度とする）	360時間
36協定の特別条項による時間外労働の上限	（月に20日出勤するとして、１日に換算すると）４時間		・〔時間外労働＋休日労働〕が100時間未満 ・２～６カ月それぞれの〔時間外労働＋休日労働〕が平均で１カ月80時間以内	720時間

3-3　時間外労働とコンプライアンス

◎従業員コンプライアンスは法令を超える

　これらの時間外労働、休日労働に関する法律上のルールは、従業員コンプライアンス上の許容限度だと考えるべきではありません。会社は従業員の心身の健

康に対して「安全配慮義務」を負っています。「1日8時間、週40時間」「週1日休日」の基本原則を超えれば超えるほど、従業員の健康被害のリスクは段階的に上がっていきます。

　従業員コンプライアンスは「法令を超えるもの」と考え、会社は安全配慮義務を果たす必要があります。次のような実例は、そのことを示しています。

◎長時間労働の実例

　身体的、精神的に過度な負担のかかる労働を、特に「過重労働」といいます。本Unitの1-2で挙げたA広告代理店事件では、従業員が過労自殺に至る前の約1年間の月の残業時間が、自己申告ベースで60時間前後を中心に48時間から87時間となっていました。

　同じ労働時間でも、精神的な緊張度が高ければ従業員の健康被害リスクは一層高まります。支店長付ハイヤーの運転手が「くも膜下出血」を起こした事案では、原因は、1日平均7時間を超える時間外労働があったことや業務時間が不規則であったことに加えて、支店長の乗車する自動車の運転という業務の性質上、精神的な緊張を強いられたことにある、と判断され、労災保険に基づく休業補償を支給すべきだとした判例があります（「ハイヤー運転手事件」最判平成12年7月17日）。

　どちらの判例でも、法律は形式的に守っていたが、働く人の願いや期待に真に応えていなかったとされ、賠償・補償に結びついたのです。

◎会社が労働時間を把握するために行うべきこと

　会社は、従業員の労働を見守るために、タイムカード、ICカード、パソコンの使用時間の記録などを基に労働時間を記録する必要があります。従業員の自己申告により記録する場合は、客観性を保つために、
①従業員に記録の大切さをよく説明すること、
②管理者に対して適正な運用をするように伝えること、
③必要に応じて調査を行い、事業場への入退室状況、パソコンの使用状況を確認すること、
が会社に求められます。

　しかし、各社のホットラインには、上司が「残業はパソコンの電源を午後5時

で切ってからにしろ」「タイムカードを押して、いったん会社を出てから戻って残業しろ」などと指示している、といった報告が寄せられています。こうした行為は従業員コンプライアンスに反します。また、割増賃金を支払わないで時間外労働をさせるのですから、「サービス残業」（正確にはサービス時間外労働）をさせたこととなり、会社には「割増賃金未払い」で刑事罰が科されます。

◎「ワーク・ライフ・バランス」の観点からも見守る

政府が2007年に「仕事と生活の調和推進のための行動指針」を発表して以来、ワーク・ライフ・バランス（仕事と生活の調和）についての世論が高まりつつあり、従業員の期待も高まっています。ワーク・ライフ・バランスとは、従業員が、仕事をすることと、家庭や地域などで個人的なやりがいや充実感を感じながら生活することを両立できることをいいます。労働契約法も「仕事と生活の調和に配慮して労働契約を締結するように」という趣旨の条文を置いています。

会社は労働時間の管理だけではなく、「ワーク・ライフ・バランスが保たれているか」という観点からも十分に配慮して従業員を見守る必要があります。

◎ストレスチェックによるメンタルヘルスケア

長時間労働、過重労働が続くとストレスがたまり、メンタル面の問題が起きるリスクが出てきます。そこで、従業員のメンタルヘルス不調を未然に防ぐため、常時50人以上の従業員を使用する事業場は、従業員に対して、1年に1回以上、医師等による心理的負担の検査をすることが義務づけられています。これを「ストレスチェック」といいます。医師等は、検査を受けた従業員の同意がある場合に限り、検査結果を会社に通知することができます。

なお、検査を受けることは従業員の義務ではありませんが、あなた自身のメンタルヘルスケアを考える良い機会になります。

3-4 休暇とコンプライアンス

◎年次有給休暇の基本ルール

従業員は働き始めてから6カ月間、継続的に働き、労働日の8割以上出勤すると、10日の有給の休暇を得る権利が生じます。これを、「年休」（年次有給休暇。有休ともいいます）といいます。年休は以後、段階的に増えていき、6年6カ月後は

事業場：工場、事務所、店舗等のように同じ場所において組織的・継続的に業務が行われる単位をいう。場所的に分散しているものは原則として別個の事業場とされる。

20日となります。**年休は従業員の希望する時季にとることができます。**

ただし、会社はその時季に年休を与えることが「**事業の正常な運営を妨げる場合」は、他の時季に変えることができる**とされています。「事業の正常な運営を妨げる場合」とは、その従業員の仕事が事業に不可欠で、他の人で代行することは困難だという客観的な事情があることをいいます。会社は代行して仕事をしてくれる人を、他の部署に協力を求めるなどして探す努力をすべきであり、ただ「代わりがいないから」というだけでは、時季を変えさせる理由としては不十分です。

さらに2018年から、会社は1年のうち5日は時季を定めて年休を従業員に与えなければならないとされました。年休の取得実績がなかなか上がらないので、会社側の義務としたのです。

◎ **年休取得は従業員の権利**

しかし、実際は、年休取得を申し出たら、上司や職場の同僚に「今はとるな」「連休の前後には年休をとるな」といわれた、といった報告が各社のホットラインになされています。会社としては、もし裁判になっても、「事業の正常な運営を妨げる場合」に該当すると自信をもっていえる場合でない限り、従業員の年休取得の申し出に応じるべきです。休暇の目的にかかわらず、年休取得を却下することはできません。**仕事と私生活をどのように調和させるかは、従業員個人が自由に決める事柄です。**そこに従業員コンプライアンスの本質があります。

図3-6 年休取得は従業員の権利

時季：季節と具体的な時期のこと。

3-5 さまざまな働き方

◎フレックスタイム制

「フレックスタイム制」とは、必ず勤務する時間(コアタイム)を決めるなどして、あとは始業時間、終業時間を自分で自由に決められる制度です。ワーク・ライフ・バランスを大切にする観点から、育児、介護など自分の自由になる時間を確保したいという従業員の願いに応える制度です。

ただし、制度の導入にあたっては「自由に決められる」という趣旨を確実にして従業員を守るために、就業規則、会社と従業員の協定(労使協定)に所定の事項を定めるという厳格な手続きが定められています。

◎事業場外労働制度

「事業場外労働制度」とは、取材、外回りの営業など、会社施設の外で働く業務については、会社は労働時間を把握し、算定することが難しいので、そのような業務の場合に、「通常必要とされる時間」、働いたものとみなす制度です(事業場外みなし労働時間制)。

ただし、本当に会社が「労働時間を把握、算定しがたい」といえるのか、実は「通常必要とされる時間」以上に働かせているのではないか、という懸念があります。実際、ツアーの添乗員の業務について、会社が細かく指示を出し、詳細な報告書も提出させていたという事案で、「労働時間を算定しがたいとはいえない」とした判例があります(「ツアー添乗員事件」最判平成26年1月24日)。算定しがたいとはいえないのに事業場外労働制度を押し付けるとしたら、従業員コンプライアンス違反であり、労働基準法違反にもなります。

◎「非正規雇用」という働き方

労働期間を「1年間だけ」というように、会社と期間を限定して労働契約を結ぶ働き方があります。パートタイマー(短時間労働者)、アルバイト、嘱託社員、契約社員、期間工、派遣社員などと呼ばれる働き方です。期間を限定しているので、期間が終了すれば別の職場、職種に移ることができます。その点が、「自由な生き方で良い」ということで、積極的にこうした働き方を選ぶ人も少なくありません。その反面、「労働契約期間終了」を理由として会社から退職を求められる

こともあります。

　契約期間を定めない労働契約による雇用を「正規雇用」というのに対して、契約期間を定める契約による雇用は「非正規雇用」と呼ばれています。正規雇用であれば、合理性と相当性がない限り会社側から解約（解雇）されませんので、安定性が期待できます。非正規雇用による自由を選ぶか、正規雇用による安定性を選ぶか、社会経済の状況にも影響されますが、基本的には個人の選択の問題だといえます。

　しかし、厚生労働省の「労働経済白書」等によれば、本当は正規雇用で働きたいのに、さまざまな理由で不本意ながら非正規雇用で働いている人が少なからずいるというデータもあります。

　そうした事情を踏まえると、非正規雇用の人が、正規雇用者とまったく同じ業務をしていても、給与等に不合理な待遇差があるというのであれば、社会的な問題です。そこで政府は2016年、雇用形態による不合理な待遇差を解消するため、「同一労働同一賃金」という政策を打ち出し、2018年、「短時間労働者法」を改正し、法律の名称も「短時間・有期雇用労働者法」に改めました。同法では、会社が、短時間労働者・有期雇用労働者に対して適正な労働条件を確保すること、正規雇用への転換を進める措置をとる努力をすることが定められています。

3-6　人事とコンプライアンス

◎人事権

　株式会社とは株主から出資された資金を活用して、定款に掲げられた事業目的を、整然としかもキビキビと実践して利益を上げ、株主に配当するための経済システムです。そのために会社は「内部統制システム」を築く必要性があり、従業員に対する、採用、教育、人事考課、異動、昇格、降格、出向、解雇の権限を有しています。これを会社の「人事権」といいます。人事権の行使には会社の大幅な裁量が認められます。会社の事業目的、戦略、そのために必要な人材、人事については、会社、具体的には経営陣が一番よく知っているからです。

◎人事権とコンプライアンス

　人事権の発動には大幅に会社の裁量が認められており、その行使について「不当だ」「違法だ」ということには原則としてなりません。ただし、会社の人事

短時間労働者：1週間の所定労働時間が同一事業所の通常の労働者より短い労働者（パートタイム労働者）のこと。
有期雇用労働者：期間を定めた労働契約を結んでいる、

契約社員・嘱託社員などと呼ばれる労働者のこと。

Unit 3-Chapter 3　勤務をめぐるルール　　77

権は万能ではありません。

　一度労働契約を結べば、会社の人事権は労働契約法の定める「解雇制限の原則」や男女雇用機会均等法など、多くの法令で制限されます。

　また、コンプライアンスに反する人事権の行使も認められません。法的には「人事権の濫用」といいます。ある光学機器メーカーの事案で、従業員が、上司が他社から人材をスカウトしている状況が問題ではないかとホットラインに通報したところ、ホットライン担当者が内規の守秘義務に反して、その上司に通報の事実を伝えました。その後、従業員は配置転換命令を受け、さらに外部との接触を禁じられました。そのことに対して、裁判所は「制裁的な配転命令である」「外部との接触禁止の必要性はなかった」として、会社の対応は不法行為になると判断しています（「光学機器メーカー事件」東京高判平成23年8月31日）。

　人事権を行使するには、合理的な企業戦略に基づくことが大切ですが、さらに従業員コンプライアンスの観点から、その従業員の希望、願いに応えるものであるかと検討することが、結果的に「人事権の濫用」を防止することになります。

◎企業は懲戒権をもっている

　会社は、内部統制システムの一環として、就業規則などの内規でルールを定め、業務命令権に基づいて具体的な指示・命令を行います。仮に、従業員がそうした内規や指示・命令に従わなかったとすると、会社は組織としての秩序を保つために違反した従業員を懲戒することができます。これを「懲戒権」といい、裁判所も企業が懲戒権をもつことを認めています（「財務局懲戒処分事件」最判昭和52年12月20日）。

　懲戒は就業規則に定められています。訓戒、戒告、減給、出勤停止、諭旨解雇、懲戒解雇などが定められているのが普通です。

　懲戒の理由になるのは、職務懈怠、業務命令違反、各種ハラスメントなど職場の規律違反などです。プライベートな行為でも会社の信用に関わるときは懲戒対象となります。

　ただし、懲戒が認められるのは、会社を整然と、かつキビキビと動かすために必要な手段としてですから、そうした目的のために必要、合理的な範囲でなければ、懲戒処分は無効です。

　そこで、企業は社内に「賞罰委員会」などの組織を置いて、懲戒処分を行うべ

解雇制限の原則：合理性と相当性がない限り、会社側
から労働者を解雇できない。

きか、どの程度の重さにするかを、慎重に決めています。

Chapter 3　まとめ

- ☑ 労働時間の基本的な原則は、1日8時間、週40時間、週1日の休日である
- ☑ 36協定を締結すれば、1カ月45時間、1年360時間まで時間外労働が可能である
- ☑ 36協定を成立させるためには厳格な手続きが定められている
- ☑ 臨時的で特別な事情があれば、36協定に特別条項を置くことで、さらに複数月で1カ月平均80時間、年720時間まで時間外労働を延長することができる
- ☑ 36協定による時間外労働の延長は許容限度ではなく、その範囲内であっても従業員に対する安全配慮義務があると考えるべきである
- ☑ 従業員の心身の健康を守るためにはワーク・ライフ・バランスの観点も重要である
- ☑ 会社は雇用形態による不合理な待遇差を解消し、適正な労働条件を確保しなければならない
- ☑ 人事権の行使について会社には裁量権があるが、コンプライアンスに反するような行使は認められない
- ☑ 会社は必要かつ合理的な範囲で、内規や指示・命令に反した従業員を懲戒することができる

リーガル喫茶室 3

グローバル化とハラスメント

「なぜ肉を食べないの？」「食べればいいのに。おいしいんだよ？」私がヴィーガン（肉・卵・ミルクを口にしない完全菜食主義）専門のレストランで食事をしていたときのことです。店が空いていたせいか、反対側のテーブルの人たちの会話が聞こえてきました。思わずそちらを見ると、インド人と思われる若い外国人を、3、4人の日本人らしきビジネスパーソンたちが囲んで会食をしていました。皆で海外からのお客さんをもてなしているのでしょう。日本人らしき人たちは引き続き、「わからないなあ。あんなにうまいのに」などと笑いながら口々に質問しています。海外からのお客さんは困った表情で下を向いていました。

私の頭の中に大きな疑問が湧き上がりました。接待している人たちは、わざわざヴィーガンレストランを選んでいるのですから、お客さんが「菜食主義」だとわかっているのです。それを知りながらしつこく質問を繰り返しているのです。これは、ハラスメントそのものではないか。疑問は怒りに変わりました。私の推測では、そのお客さんはヒンズー教徒です。信仰上、ヒンズー教徒は肉食を避けるのです。テーブルを囲んでいる人たちはそのことを知らなかったのでしょうか。知った上での発言であれば、それは「いじめ」です。

私は学生時代の友人を思い出しました。彼はカリフォルニアからきた留学生で、ユダヤ教徒でした。

彼と一緒に飲食店で昼食をとることになったときのことです。注文した後で、彼は突然、厨房に向かい、料理人と何かを話していました。戻ってきた彼は少し落ち込んだ顔で「この料理は食べられないのでやっぱり変えてもらう」といいました。あとで知ったのですが、ユダヤ教では「血抜きしていない肉」は食べてはいけないので、料理人に「血抜きをするか」と聞いたそうです。日本の料理人で、ユダヤ教では肉の血抜きが必要だということを知っている人がどれだけいるでしょう。結局彼は別の料理を注文したのですが、また厨房に向かい、何か確認していました。戻ってきた彼は「ネギが入っているというので、また注文を変える」というのです。私は驚いて「ユダヤ教ではネギもダメなの？」と聞くと、彼は答えました。「いや、ネギは嫌いなんだよ」

「真のグローバル化」とは世界中の人々の信仰、信条、生き方などを理解し、受け入れることだと思います。

Unit 4

あなたと仕事とコンプライアンス

「では、皆さん、9月1日から3社一斉に10％値上げということでよろしいですね」
「それで行きましょう！」
「やっと、これで一息つけますな」
「…」

　レストランに業界大手3社の経営者が集まって、密談を凝らしています。結託して商品の価格を決めているようですが、そんなことをしても良いのでしょうか。もし、あなたがそんな怪しげな場に同席させられたら悲劇です。発覚すれば公正取引委員会に徹底した事情聴取を受けることになります。
　「取引先コンプライアンス」とは取引先の期待に応えることですが、「同業者で手を組んで値決めをしよう」といった取引先の「不正な期待」に応えてはいけません。他方、「大口発注者」の立場を利用して取引先に難題を吹きかけるような行為は、「フェアに取引をしてほしい」という取引先の「正しい期待」に反します。
　Unit 4では、正しい「取引先コンプライアンス」と、取引先との「正しい付き合い方」を学びます。

Chapter 1

取引の開始と終了は慎重に

～取引先との契約～

　会社と取引先との関係は、①取引開始の段階、②取引継続中の段階、③何らかの理由によって取引が終了する段階と、3つの段階に分けることができます。その段階ごとに取引先に対するマネジメント上の課題があり、コンプライアンスの問題も生じます。ここでは、①取引開始と③取引終了時のコンプライアンスを学びます。

1-1　取引先選択にあたっての留意点

◎取引先選択の重要性

　取引を開始するときは慎重に、信頼できる相手を選ぶべきです。取引が始まれば、あなたの会社と取引先とは、消費者に対して、商品・サービスの安全性について共同して責務を負う立場になります。さらに、環境問題・人権問題など、社会に対しても共同して責務を負う立場にもなります。そのように「共同責任」を負う関係にある企業を、「ビジネスパートナー」といいます。

　しかも、いったん取引を開始して取引実績が積み上がると、「継続的取引の原則」（本Unitの1-3参照）という考え方が適用され、簡単には取引を解消できなくなります。

　以上が慎重に相手を選ぶべき理由です。

図4-1　ビジネスパートナーと共同責任

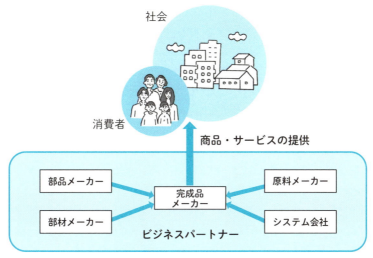

◎取引先選択、3つのポイント

取引先を慎重に選ぶためには、
①財務体質はしっかりしているか、
②あなたの会社と共に「消費者コンプライアンス」を担う誠実さをもっているか、
③環境問題・人権問題など「社会コンプライアンス」を尊重する姿勢があるか、
という観点で取引先候補を審査する必要があります。

①は、売掛金をきちんと回収できるかという問題意識で、「債権管理」の観点です。

②は、取引先候補が常に消費者コンプライアンスを尊重する「誠実さ」をもっているかという問題意識です。この誠実さは「インテグリティ」(integrity)と呼ばれ、近年、重視されるようになっています。

③の観点は、取引先候補がCSRを実践する姿勢をもっているかということです。最近は、「CSRを尊重する企業とだけ取引する」という基本方針を打ち出す企業が増えています。これを「CSR調達」といいます。たとえば、取引先があな

債権：売掛金などお金の支払いを取引先に請求できる権利。

たの会社に納品してくる品物自体は安全・良品質であっても、陰で不法投棄をしているというのでは、あなたの会社も法令違反に間接的に加担していることになりかねません。そこで法令やコンプライアンスを軽視する取引先は前もって避けるのです。

消費者コンプライアンス、社会コンプライアンスを尊重する取引先を選ぶことは、あなたの会社の消費者コンプライアンス、社会コンプライアンスの実践につながることなので、とても大切なことです。

◎利益相反に気をつける

取引先選択の際に気をつけるべきは、「紹介者は誰か？」という点です。たとえば、役員が「大学の友人がやっている会社なので取引してやってほしい」と取引先候補を紹介してきた場合、その役員の中では、友人を応援してあげたいという「個人」の立場と、会社の取引先は厳正に選ぶべきだという「役員」の立場とがぶつかっています。こうした状態を「利益相反」といいます。

利益相反になると、つい判断が甘くなるので、取引先の紹介者は審査には口出しすべきではありません。また審査担当者はその点に注意して十分に検討することが必要です。

1-2 取引契約を結ぶ

◎契約書を作成する意義

信頼できる取引先候補であるとわかったら、取引の開始にあたって、今後の取引のベースとなる「取引基本契約書」を作成します。法律上、契約は「口約束」でも成立しますが、トラブルが起きたときは「いった」「いわない」と水掛け論になる可能性があります。そうした事態を避けるためにも書面を作成しておくことが必要なのです。

◎契約書のタイトル

基本契約書のタイトルは、「合意書」「確認書」「覚書」など何でも良いのですが、取引開始後の契約書の整理・保管を考えると、「部品製造販売基本契約」「システム開発委託契約」など、内容が端的にわかるタイトルをつけるのが適切です。

◎署名・記名・押印

　基本契約書には、あなたの会社と取引先と、双方の権限者が「署名・押印」または「記名・押印」をします。「署名」とは本人が自筆で書いた氏名、つまりサインのことです。一方、「記名」とは本人の自筆以外の氏名（例：印字された氏名や他の人が手で書いた氏名など）をいいます。

　法律では、「署名」または「押印」があるときは、署名者・押印者の意思に基づいてきちんと作成された文書とみなすとされています（民事訴訟法）。

　テレワークの普及などを受け、官庁などでは「押印の廃止」が進められています。「サイン」は確かに本人しかできませんが、他人がサインを偽造することもあり得ます。その場合、偽のサインかどうかを見極めるのは大変です。一方、「押印」は拡大写真などをみれば同じ印鑑かどうか見分けられますが、持主以外の人がその印鑑を不正に押すことは簡単にできます。サインと押印、どちらが実務上勝っているかは一概にはいえません。企業取引についていえば、まだまだ印鑑は大切です。

◎「暴排条項」と「コンプライアンス条項」

　取引基本契約書には「暴排条項」（暴力団排除条項）を入れることが多くなっています。暴排条項とは、契約当事者が現在も将来も反社会的勢力ではないことを表明し、反社会的行為を行わないことを約束する条項です。企業は「社会コンプライアンス」の１つとして、反社会的勢力には協力しないことが求められています（本Unitの4-3参照）。また、全国の都道府県は「暴排条例」（暴力団排除条例）を定めていて、その中で取引契約には暴排条項を定めることが努力義務として求められています。暴排条項はこれに応えるものです。

　しかし、これからビジネスパートナーとして信頼関係を築いていこうという取引先候補に対して「自分は暴力団関係者ではないと誓え」というのは少し失礼かもしれません。

　そこで、契約書の中に「コンプライアンス条項」という項目を１つ設けて、そこで法令順守・環境保護・人権保護などを約束してもらい、その中に暴排条項の中身を加えることを提案します。コンプライアンスを尊重するのは企業として当然のことですが、契約書に「コンプライアンス条項」を入れることで、あらためて取引先候補にその重みを感じてもらう効果もあります。

1-3 取引終了時のコンプライアンス

◎継続的取引の原則

　判例で築き上げられた考え方で「継続的取引の原則」というルールがあります。取引が開始され、かなり長い期間が経過したときは、取引を終了するには、「相当期間の予告」か「相当の補償」、またはその両方が必要だという考え方です。

　トラクターのメーカーが、販売代理店と1年ごとに更新する代理店契約を結んで以来、10年を経過した段階で、代理店契約書に「期間満了3カ月前に予告すれば更新をしないことができる」と規定されているのを根拠に更新拒絶をしたところ、裁判所は「更新拒絶は無効だ」と判断した判例があります（「トラクター代理店事件」札幌高判昭和62年9月30日）。たとえ、契約書に3カ月前予告で更新拒絶できると定められていても、もっと期間に余裕をもって予告することが必要だというのです。では、どのくらい前の予告期間が必要かというと、代理店が別のトラクターメーカーに供給元を切り替えて事業を続けられるようになるまでの期間だと思われます。民法は相手方の債務不履行（契約違反）で契約を解約するときも、「債務不履行が社会通念に照らして軽微なときは解約できない」旨を定めていますが、こうした継続取引の原則の趣旨を汲んだものだといえます。

　長い期間、取引が続いてきたとき、取引先は、「今後も取引は続くだろう」と期待して、それなりの設備投資や事業計画を立てています。そのため、契約書に「3カ月前予告で解約や更新拒絶ができる」と書いてあったとしても、それ以上の予告期間、補償が必要なのです。契約が続くものと期待した取引先の願いに応えるのですから「取引先コンプライアンス」の1つです。

図4-2　継続取引と取引終了予告

◎「清算」では情報媒体の相互返還などに留意

　取引を終了するときは、きちんと清算をする必要があります。
①売掛金、買掛金の清算、
②預かっていた書類、USBなどの記録媒体、試作品、試作物の相互返還、
③終了後の守秘誓約、
などが重要です。契約が終了したからといって、取引で知り得た秘密情報をマスコミなどに暴露することは「取引先コンプライアンス」違反です。そのようなことを防ぐために、守秘誓約書を交わしておくことが大切です。

Chapter 1 まとめ

- ☑ 取引を開始するときは信頼できる相手を選ぶことが重要である
- ☑ 取引先選択のポイントは、
  - ① 財務体質がしっかりしていること
  - ② 消費者コンプライアンスを実践する誠実さをもっていること
  - ③ 社会コンプライアンスを尊重する姿勢をもっていること

  である
- ☑ 取引先の選択時は紹介者に留意すべきである
- ☑ 取引にあたっては、必ず契約書を作成し、コンプライアンス条項を盛り込むことが望ましい
- ☑ 取引を終了するときは「継続的取引の原則」に留意する
- ☑ 取引終了時は清算をきちんと行う

Chapter 2

取引を「適正」に継続する

〜さまざまな取引先との付き合い方〜

　取引を開始してから終了するまでの「取引継続中」は、常に契約の中身を意識しながら、消費者の期待、取引先の期待に応えるように、適正に取引を継続していくことが求められます。ここでは、取引が継続している間のコンプライアンスについて学びます。

2-1　契約を誠実に履行する

　取引継続中の「取引先コンプライアンス」の中で最も大切なことは、**取引契約の内容を誠実に実行すること**です。契約を実行することを法律用語では「履行」といいます。契約の誠実な履行は、契約当事者がお互いに期待する中心的な事柄であり、「取引先コンプライアンス」の基本中の基本です。

　たとえば、完成品メーカーと部品メーカーとで、部品の「引張強さ(ひっぱり)」の値を「Ａ」という数値で合意したら、そのＡという数値は必ず守るべきです。仮に、Ａという数値が「JIS規格」より上回っていたとしても、「JIS規格にさえ合致していれば、契約で合意したＡという数値は守らないで良い」というわけにはいきません。「Ａ」という数値は、契約締結時に当事者同士で真剣に検討・協議して合意した厳正なものだからです。「アルミ部材データ改ざん事件」(Unit 1の1-1参照)における鉄鋼会社の、「契約には違反したが、法令には抵触しているわけではない」というコメントの問題性はそこにあります。

2-2　取引先をだますと刑事罰も

◎刑法の詐欺罪による規制

　製品が、取引先と合意した品質や成分、数量などの各種基準を満たさないのに、いかにも満たしているかのようにうその「検査証明書」「成分表示」「数量表示」などを作成して取引先に納品して代金の支払いを受ければ、刑法の「**詐欺**

罪」に問われます。詐欺とは人をだましてお金をとる行為です。虚偽の検査証明書などで取引先をだまして代金をとるのですから、まさに詐欺行為です。

◎不正競争防止法による規制

　また、「検査証明書」「商品説明書」「納品書」など取引先に提出する書類に、品質、内容、製造方法、数量などに関して、誤認させるような虚偽表示をすると、不正競争防止法によって刑事罰が科されます。詐欺罪は最初から代金をだましとろうという意図がないと成立しないのですが、不正競争防止法の場合は「表示」が決め手となるので、規制の範囲が広くなっています。

　不正競争防止法違反の実例として、食品会社が牛肉と豚肉などを混ぜたものに「十勝産牛バラ挽肉6mm挽」などと印字されたシールを貼り牛肉100％であるかのように表示して取引先に販売して「虚偽表示」の罪で、社長が懲役4年の実刑判決となった事例があります（「ミンチ牛肉事件」札幌地判平成20年3月19日）。「アルミ部材データ改ざん事件」（Unit 1の1-1参照）では「虚偽表示」の罪で会社が1億円の罰金刑を受けています。

　不正競争防止法は、もともとは、同業他社をうその事実で誹謗中傷するなど、不正な方法による企業競争行為を規制するための法律として制定され運用されていました。しかし、最近では、「免震ゴム偽装事件」（建物の基礎に使う免震ゴムの評価を偽装した事件で、虚偽表示とされた。Unit 2の2-2参照）など、取引先コンプライアンス、消費者コンプライアンスに関する行為にどしどし適用されています。

2-3　取引先を監査する

　あなたの会社が完成品メーカーである場合、原料、部材、部品、システムなどの供給元が、契約書どおりの品質基準を満たすように製造、作成、製作してくれているかを、定期的に監査することが必要です。実際の事案で、納品された製品に金属片が混入していたので、取引先を訪問したところ、貸与しているはずの金属探知機が売却されていて検査ができない状態であったと判明したケースがあります。

　もし、「取引先監査」という言葉が物々しくて受け入れられないのであれば、「品質保証協議会」などと銘打って、ソフトな雰囲気の中で、製造工程や工場の

様子を見学する方法もあります。

あなたの会社が「完成品メーカー」として、消費者・エンドユーザーの「安全な製品であってほしい」という期待に応えるためには、あらゆる努力を行うべきです。

2-4 取引先との付き合いはコンプライアンスに従って行う

取引先とは「ビジネスパートナー」として、気軽に意見交換できるような円滑な関係を築いておくのは望ましいことです。そのための、接待、贈答などもある程度は必要です。しかし、懇親会などが高額なものとなり、取引先がその全額を負担するということになると、日常の納品指示、検収、品質・数量不足の指摘などがおろそかになる可能性が出てきます。少なくとも、会社のオーナーである株主からみれば「癒着して、なあなあの取引をしているのではないか？」と勘繰りたくなります。株主総会で株主から「交際費」についてときどき質問が出るのはそうした理由です。

そこで、内部統制システムの一環として「接待交際費規程」といったものを策定して、これを守ることが必要です。あなたが現場担当者として取引先から高額な接待の誘いを受けたとしても、「内規で禁じられているので」といえば、角も立たずに断ることができます。

2-5 製品事故の際は関連企業が協力して解決する

万一、製品事故が起きたときは、完成品メーカー、部品メーカー、部材メーカー、システム会社など、その製品に関わっている全企業が協力して、原因究明、被害の拡大防止、被害賠償、再発防止策の策定など、解決にあたるべきです。それが「消費者コンプライアンス」のあり方です。

ところが、実際は企業同士で責任のなすり合いが起き、消費者救済が遅れることが少なくありません。消費者に対して「危険なので使用しないでください」という警告を完成品メーカーと部品メーカーの連名で新聞広告で出そうとしたところ、部品メーカーが応じないまま広告掲載の期限が迫り、やむなく完成品メーカーが単独で警告の広告を行った事例があります。

そこで、取引の基本契約書で「万一製品事故が起きたときの協働体制」をあらかじめ決めておくのが理想的です。

Unit 4-Chapter 2　取引を「適正」に継続する

2-6 取引先いじめは「取引先コンプライアンス」違反

◎優越的地位の濫用

　大企業で働いている人は、取引先が中小企業であると、つい高圧的な態度になってしまうことがあります。そうした姿勢自体、「取引先コンプライアンス」に照らして問題となる行為ですが、それが取引先のひんしゅくを買うだけにとどまらず、無理な取引条件を強引に押しつけるまでに至ると、法令違反になるおそれが出てきます。

　独占禁止法は「不公正な取引」の1つとして、取引上の優越的な地位を利用する不当な行為を「**優越的地位の濫用**」として禁止しています。優越的地位の濫用にあたるとされると、公正取引委員会により、不当な契約条項の削除など「**排除措置命令**」が発せられ、違反行為3年間分の取引先との取引額の1％という課徴金が課されます。「排除措置」とは違法状態を「排除する措置」という意味です。

　優越的地位の濫用にあたる行為は、図4-3のとおりです。

図4-3　優越的地位の濫用にあたる行為

禁止行為	例
・継続的な取引先に対して、本来の取引以外の商品・サービスを不当に買わせること	取引先に契約以外の自社商品を買わせる
・継続的な取引先に対して、金銭・サービスその他の経済的な利益を不当に提供させること	協賛金の負担を強要する、従業員の派遣を強要する
・取引先から商品の受領を不当に拒むこと ・受領後、不当に返品すること ・不当に代金の支払いを遅らせること ・不当に代金を減額すること ・取引先の不利益になるように不当に取引条件を設定・変更することや、設定変更した条件で取引を実行すること	―

　優越的地位の濫用は「取引先いじめ」の典型です。実例として、家電量販店

公正取引委員会：独占禁止法の目的を達成するために設置された国の機関で、調査、勧告、排除措置命令などの権限をもつ。委員長と4人の委員から組織される合議体で、他から指揮監督を受けることなく独立して職務を行う。

チェーンが多数の取引先納入業者に従業員を派遣させて無償で商品の移動や接客など店舗業務を手伝わせた事例で、排除措置が命じられ、さらに約30億円の課徴金が命じられたケースがあります（公正取引委員会審決令和元年10月4日）。

あなたが大企業の従業員であるとして、取引先に対して軽い気持ちで、「御社でヒット商品が出たら、ドーンとごちそうしてくださいよ」などといえば、取引先は深刻に受け止め、「ごちそう」の予算を組みながら、取引先いじめだと思うかもしれません。公正取引委員会に駆け込むことだってあり得ます。そのため、ある大手企業のトップは全従業員に向けて、「取引先に対しては、いつも、これ以上できないくらい謙虚に腰を低くしているように」と呼び掛けているそうです。

◎親事業者、下請事業者とは

優越的地位の濫用の中でも、**特定の事業に限って、「親事業者」の「下請事業者」に対する関係で具体的に規制しているのが、「下請法」**です。

「特定の事業」とは製造委託、修理委託、役務提供委託、情報成果物作成委託で、ソフトウェア産業も対象となっています。なお、建設業については別途、建設業法で「下請負人」の保護に関する事項が定められています。

「親事業者」「下請事業者」は、図4-4で示すとおり、お互いの資本金の大きさで決まります。

図4-4　親事業者・下請事業者の定義

● 物品の製造・修理委託及び政令で定める情報成果物・役務提供委託を行う場合

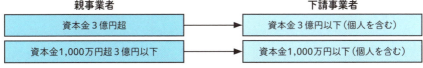

● 情報成果物作成・役務提供委託を行う場合（上記の情報成果物・役務提供委託を除く）

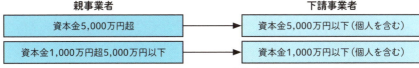

出典：公正取引委員会ウェブサイト「下請法の概要」
(https://www.jftc.go.jp/shitauke/shitaukegaiyo/gaiyo.html)

役務：金融・通信など物質的な生産過程以外で機能する労働、サービス。
情報成果物：プログラム、映画、文字・図形・記号などで構成されるもの。

◎親事業者に対する義務づけ

　親事業者には、図4-5の事項が義務づけられています。下請事業者を守るためです。特に、委託の内容、代金、支払期日、支払方法などを記載した「書面」の、交付義務、作成義務、保存義務に違反したときは50万円以下の罰金刑が科されることになっています。罰金刑は行為者に科されるほか、会社にも科されます。このように、行為をした従業員に加えて会社も処罰する規定を「両罰規定」といいます。

図4-5　親事業者の義務

- 書面の交付義務
- 書類の作成・保存義務
- 下請代金の支払期日を定める義務
- 遅延利息の支払義務

出典：公正取引委員会ウェブサイト「下請法の概要」より抜粋
(https://www.jftc.go.jp/shitauke/shitaukegaiyo/gaiyo.html)

　「親事業者」「下請事業者」の関係に該当する取引先にあなたが発注するときに、うっかり発注書を忘れたり、その記載内容に漏れがあったりすると、刑事罰のおそれがあるわけです。十分な注意が必要です。

◎親事業者に対する禁止事項

　親事業者には図4-6の事項が禁止されています。これも下請事業者を守るためです。

　図4-6に示す親事業者の禁止事項の中で多い事案の１つが、「下請代金の減額」です。代金減額も下請事業者との正当な「合意」があれば問題はありません。ところが、その「合意日」からさかのぼって引下げ単価を適用して下請法違反とされた事例があります。

　また、日用品販売会社が、日用品の製造下請事業者に対してホームセンターに従業員を派遣させ無償で作業をさせていて、そのことが「不当な経済上の利益の提供」にあたるとされた事例もあります。

図4-6　親事業者の禁止事項

- 受領拒否の禁止
- 下請代金の支払遅延の禁止
- 下請代金の減額の禁止
- 返品の禁止
- 買いたたきの禁止
- 購入・利用強制の禁止
- 報復措置の禁止
- 有償支給原材料等の対価の早期決済の禁止
- 割引困難な手形の交付の禁止
- 不当な経済上の利益の提供要請の禁止
- 不当な給付内容の変更・やり直しの禁止

出典：公正取引委員会ウェブサイト「下請法の概要」より抜粋
(https://www.jftc.go.jp/shitauke/shitaukegaiyo/gaiyo.html)

◎下請法の運用実態

　下請法違反行為があったとき、公正取引委員会は違法状態を是正するために適当な措置をとるように親事業者に「勧告」をします。親事業者が勧告に従わないと、独占禁止法の「優越的地位の濫用」の適用に戻り、排除措置命令や課徴金命令という事態になります。

　また、中小企業庁は調査を行い下請法違反の事実があると認めるときは、公正取引委員会に必要な措置をとるように求めることができます。違反行為の中では、「支払遅延」「買いたたき」「代金の減額」が多くを占めています。

　公正取引委員会や中小企業庁は、下請事業者に該当する企業や個人に対して「下請法違反の被害に遭っていないか」というアンケート調査（書面調査）を、親事業者にはわからないように行っています。2018年度は下請事業者30万名に対して調査が実施されています。公正取引委員会はアンケート調査で下請法違反がありそうだという相当程度の心証をもった時点で、親事業者への調査を開始します。日ごろから下請法に反するような行為は行わず、公正な付き合い方を続けておくことが取引先コンプライアンスの王道です。

2-7 政治家、公務員との付き合い方

◎贈賄行為の禁止

　ビジネスを進める上では取引先だけではなく、政治家、公務員とも接触をもつことがあります。そのとき気をつけるべきは「贈賄罪」にならないように付き合うことです。贈賄は「公務の公正さ」に対する社会の期待を裏切る行為です。「社会コンプライアンス」に反するといえます。また、贈賄することにより、行政から他のライバル企業より有利な扱いを期待するのであれば、平等な条件で競争しようという「取引先コンプライアンス」にも反します。

　贈賄罪は、現職の公務員に対する贈賄ばかりではなく、これから公務員になろうとする者に、就任した後への期待を込めた贈賄（事前贈賄）、退職した公務員に対する在職中の取扱いに対するお礼の意味の贈賄（事後贈賄）と、幅広く成立します。また、「あっせん贈賄」といって、権限をもつ公務員に対してあっせんしてほしいという意味の贈賄もあります。実際に賄賂を渡した場合だけではなく、その申込み、約束をしただけでも同罪です。「賄賂」には、現金、ゴルフクラブなど物品の贈与、接待、借金の肩代わりなど、経済的な利益がすべて含まれます。贈賄罪は3年以下の懲役刑または250万円以下の罰金刑となります（刑法）。

◎贈賄になるかどうかの判断基準

　中元、歳暮など「社交儀礼の範囲内」であれば贈賄にならないといわれますが、慎重に考えるべきです。裁判で最も問題とされるのは贈り物、接待などをした「趣旨」です。たとえば、公立中学校の担任教員に対して保護者9名らが5,000円から1万円の贈答用小切手を12回にわたって贈った件で、法定の義務時間をはるかに超えて格別の情熱をもって指導してくれたことに対する感謝と敬慕の念に発する儀礼の趣旨であるとして、賄賂ではないとした判例があります（「教師謝礼事件」最判昭和50年4月24日）。けれども、教員にお金を渡すとき、熱心な指導に対する純粋なお礼の趣旨なのか、成績を良くつけてほしいという依頼の趣旨なのかは微妙なところもあります。現にこの事件では一審、二審では一部、賄賂として認定されています。

　公務員に金銭を渡したり接待したりするときに、たとえ金額や回数が「社交儀礼の範囲内」であったとしても、あなたの心の中に、わずかでも「よく取り計

贈賄罪：公務員などに対して、その職務に関して金銭、便宜、供応などといった不正な利益（賄賂）を提供する、またはそれを申し出る、約束する行為によって成立する犯罪。

らってほしい」という「趣旨」があれば贈賄になると考えた方が無難です。

　なお、「政治献金」といって、政治資金規正法の下、収支を公開することを条件に、金額も規制して行われる政党・政党支部・政治資金団体に対する寄付を認める制度があります。しかし、法律の審議がなされているときにその内容を業界に有利にしてもらう依頼の趣旨でなされた政治献金は賄賂に該当するという判例があります（「石油ガス税法事件」大阪高判昭和58年2月10日）。

◎「国家公務員倫理法」と「国家公務員倫理規程」

　ひるがえって公務員の立場からみると、公務員は収賄罪を犯さないということ以前に、「公務は公正であってほしい」という国民の期待に応える責務を負っています。いわば、公務員の「国民コンプライアンス」です。

　そこで、国民の間に疑問が生じないように、国家公務員に対しては収賄罪よりももっと厳しいレベルで「国家公務員倫理法」とこれに基づく「国家公務員倫理規程」が定められています。地方公務員については、各自治体の条例などで類似の規制があります。違反行為には懲戒処分が課されます。公務員の側はこうした規則を守らねばならないのですから、こちらから押しかけ的に贈与、接待攻勢などを仕掛けて相手側に規則違反をさせる行為は厳に慎むべきです。

　国家公務員倫理規程では、「利害関係者」として、許認可を受けている事業者、許認可の申請をしようとしている事業者、補助金の交付を受けて事業を行っている事業者、補助金交付の申請をしようとしている事業者などが定められています。

　同規程は国家公務員に対して、利害関係者から、①金銭、物品、不動産の贈与を受けること、②金銭を借りること、③無償で物品、不動産を借りること、④無償で役務の提供を受けること、⑤未公開株式を譲り受けること、⑥供応接待を受けること、⑦一緒に遊技、ゴルフをすること、⑧共に旅行することを禁止しています。

　「飲食」については例外が規定されていて、立食パーティーなら飲食の提供を受けて良く、自己負担であれば利害関係者と飲食して良いが、その費用が1万円を超えるときは倫理監督官に届け出ることになっています。

収賄罪：公務員がその職務に関して金銭、便宜、供応などといった不正な利益（賄賂）を受けとる、またはそれを要求、約束する行為。
国家公務員倫理法：国家公務員の職務倫理の保持に必要な措置を定め、職務執行の公正に対する国民の疑惑や不信を防止する法律。

◎「みなし公務員」

注意しなければならないのは、「みなし公務員」といって、公務員ではないのですが、職務内容が公益性、公共性を有しているため法令により公務員とみなされ、贈収賄罪が適用される人々がいることです。みなし公務員の例は、日本銀行の役職員、国立大学法人の役職員、日本年金機構の役職員、国民年金基金、同連合会の役職員、厚生年金基金、企業年金連合会の役職員などです。あなたが応対している取引先従業員が「みなし公務員」でないかどうか確認しておくことが必要です。

◎外国の公務員に対する贈賄の禁止

外国の公務員に対する贈賄も不正競争防止法によって禁止されています。国際的な取引で不正な目的（あることをさせる、しないでもらう、他の外国公務員にあっせんしてもらう）をもって利益提供をする、申し込む、約束すると、5年以下の懲役刑もしくは500万円以下の罰金または併科に処せられます。会社が違法行為防止のための必要な注意を怠った場合、会社は3億円以下の罰金刑に処せられます。「海外だから、日本の規制は及ばないだろう」は通用しないのです。あなたが海外業務を担当する場合、上司などが強引に契約をとろうとして外国公務員に不正目的の利益提供をしようとする場面がないとはいいきれません。そのときはこのルールを説明して思いとどまってもらうべきです。さもないと共犯者になってしまいます。

実例として、日本企業の元役員が、中国の現地工場の操業につき税関上の不備があったことを見逃してもらう目的で、地方政府の幹部に対して利益提供を行い、有罪となったケースがあります。（名古屋簡裁略式命令平成25年10月3日）。

◎「FCPA」は世界中の企業に適用される

注意が必要なのはFCPAの適用です。「FCPA」とは海外での汚職を禁止する米国の法律、「海外腐敗行為防止法」(Foreign Corrupt Practices Act)の略称です。米国の法律ですが、日本企業にも影響があります。米国は、「賄賂を支払え」というメールが米国内で送信された場合や共謀が米国で行われた場合など、贈賄行為の一部でも米国で行われた場合にFCPAを適用するとしているからです。米国外の企業や公務員にも適用するので「域外適用」と呼ばれています。

併科：懲役刑と罰金をともに科すこと。
略式命令：正式の裁判を経ることなく書面審理だけで
刑を言い渡す簡易な裁判手続きのこと。

実例として、日本の企業がフランス企業の米国所在の子会社と協力して、インドネシアの発電所向けボイラーの受注に関して代理人を通じて同国の公務員に利益提供したケースがあります。その後、日本の企業は2014年に、米国司法省（DOJ）に対して約91億円を支払うことで合意しました。FCPA違反となると制裁金は巨額になります。

なお、英国にも贈収賄防止法（UK Bribery Act；UKBA）があり、FCPA同様に広く適用される可能性があるので注意が必要です。

図4-7　取引の３段階とコンプライアンス

1. 取引開始時のコンプライアンス（Unit 4のChapter 1）
- 信頼できる相手を選ぶ
- 契約書を作成する
- 契約書に「コンプライアンス条項」を盛り込む

2. 取引継続中のコンプライアンス（Unit 4のChapter 2）
- 契約を誠実に履行する
- 取引先をだまさない
- 事故が起きたら消費者第一で取引先と連携する
- 取引先いじめをしない
- 下請法を守る
- 贈賄をしてはならない
- 海外の公務員にも贈賄をしてはならない

3. 取引終了時のコンプライアンス（Unit 4のChapter 1）
- 「継続的取引の原則」に留意する
- 清算はきちんとする

Chapter 2 まとめ

- ☑ 取引継続中の最重要コンプライアンスは、契約を誠実に実行することである
- ☑ 取引先をだましてはならない
- ☑ 取引先の契約履行状況を、定期的に監査することが必要である
- ☑ 取引先との付き合いはコンプライアンスに従い、節度をもって行う
- ☑ 製品事故が起きたら、関連企業が協力して消費者保護を第一に対応する
- ☑ 取引先いじめを規制する「優越的地位の濫用の禁止」という独占禁止法上の原則がある
- ☑ 政治家・公務員と接触するときは「贈賄罪」にならないよう十分に注意する
- ☑ 外国の公務員に対する贈賄も不正競争防止法で禁止されている
- ☑ 米国のFCPAや英国のUKBAは域外適用されるので注意が必要である

Chapter 3
競争はフェアな条件で

～公正で自由な企業競争～

　これまでは取引先との「適正な付き合い方」を学んできました。ここではライバル企業などとの「適正な競争の仕方」について学びます。競争は商品・サービスの「品質と価格」で公正に行うべきです。ところが、アンフェアな取引方法を用いたり、まったく逆に、同業者同士が競争をやめて手を組んだりするなど、違法な企業活動が行われることがあります。コンプライアンスや法令順守の観点からも、あなたの会社のレピュテーションを守る観点からも、こうしたことは避けるべきです。

3-1 不公正取引「ダンピング」

　独占禁止法は「事業者は不公正な取引方法を用いてはならない」として「不公正な取引方法」（アンフェアな取引）を全般的に禁止しています。不公正な取引方法に対しては公正取引委員会から排除措置が命じられます。

　不公正な取引方法の中でも、「**ダンピング**」（不当廉売）は、公正取引委員会から頻繁に「注意」（違反の証拠はないが違反につながるおそれがある行為に対する未然防止の措置）を受けています。

　「ダンピング」とは、**原価を著しく下回る価格で商品・サービスを継続して販売する方法**です。資本力に余裕のある企業が、他の資本力に乏しいライバル企業が太刀打ちできないような安い価格で攻勢をかけ続け、ライバルたちが「とてもやっていけない」という状態になってから、おもむろに本来の価格に戻すというのが典型例です。資本力にものをいわせる、アンフェアな競争方法です。ダンピングに対しては排除措置が命じられるほか、過去10年内に同様の行為があったときは違法行為期間の売上の３％が課徴金として課されます。

3-2 不公正取引「再販売価格の拘束」

会社が、取引先に対して、取引先が販売する価格を拘束することは、「再販売価格の拘束」といって禁止されています。メーカーが卸売店に対して、小売店に対する販売価格を指定して守らせるような行為です（図4-8の①）。本来、卸売店は小売店にいくらで売ろうと自由なはずです。その自由を拘束する点が不公正なのです。

同様に、会社が取引先のそのまた取引先の販売価格を拘束することも禁止されています。メーカーが卸売店のその先の小売店に対して消費者に対する販売価格（小売価格）を指示して守らせる行為です（図4-8の②）。この行為が違法なのも、小売店が本来もっている小売価格決定の自由を拘束するからです。

卸売店が小売店の「小売価格」を拘束することも、「再販売価格の拘束」になります（図4-8の③）。あなたがメーカーで働いているとすると、卸売店の先の小売店に対して、たとえば「1,000円」という小売価格を守らせたいと望むかもしれません。さまざまな小売店が920円、950円などバラバラな価格で競争すると、ブランドイメージが崩れるからです。こうしたときに、「メーカー希望小売価格」「メーカー推奨価格」という表現で小売店に小売価格の希望を申し出ることが考えられます。この表現自体は違法とはいえません。問題は「拘束性」の有無です。自社の申し出た希望価格を守らない小売店に対しては商品供給を制限するなどペナルティを課すことをすれば、「拘束性」が出てきますので違法になります。

違反行為に対しては排除措置が命じられ、過去10年内に同様の行為があったときは、違反行為期間の売上の３％で算定される課徴金の支払いが命じられます。

3-3 その他の不公正な取引方法

その他、「不公正な取引方法」として禁止されているのは、「共同ボイコット」「差別的対価」「抱き合わせ販売」などです。違反行為があれば公正取引委員会により排除措置が命じられます。

「共同ボイコット」と「差別的対価」に対しては、過去10年内に同様の行為があったときは、違反行為期間の売上の３％で算定される課徴金の支払いが命じられます。

共同ボイコット：複数の同業者が共同してある事業者との取引を拒絶すること。
差別的対価：地域や相手によって、不当に差別的な価格を設定すること。

抱き合わせ販売：Ａ商品を買いたい人にＢ商品を強引に合わせて買わせること。

図4-8 再販売価格の拘束

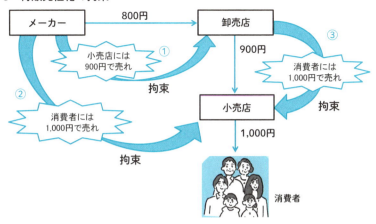

3-4 カルテル・談合

◎カルテルの違法性

　独占禁止法はカルテルを禁止しています。「カルテル」とは、同業者が集まって「競争をやめよう」と「合意」することです。英語のカルテル（cartel）には「交戦国間の協定文書」という意味があります（小学館『ランダムハウス英和大辞典』）。企業間カルテルも、競争関係にある同業者が競争をやめようという協定を結ぶ点で同じです。

　本来、自由経済社会ではライバル企業同士が、「少しでも合理的な価格で、少しでも良いものを！」と、「品質と価格」で真剣な競争を行います。その結果、消費者はより安く、より良い商品・サービスを得ることができるのです。もし、競争が行われなくなったら、どの店に行っても似たような、それもあまり品質の良くないものを、同じ価格で売るようになります。その結果、消費者側は大切な権利である「商品を選ぶ権利」を失ってしまいます。企業側ももう競争をしなくてすむので、無理をしてイノベーション（企業革新）などする必要もなくなります。画期的な新製品・新サービスも生まれなくなります。こうした状態は、消費者にとって、また企業で働く人々を含む社会全体にとって大きなマイナスです。

　そこで、独占禁止法はカルテルを「不当な取引制限」と名づけて禁止しています。「不当な取引制限」とは企業競争を「制限する」という意味です。

商品を選ぶ権利：1962年、米国のケネディ大統領は議会宛教書の中で、消費者は、商品について①安全を求める権利、②知る権利、③選ぶ権利、④意見を述べる権利があると述べた。この4つは今日でも消費者の基本的な権利とされる。

◎カルテルの規制と実例

カルテル行為に対しては排除措置（カルテル合意の破棄など）が命じられ、売上金の10％（中小企業は4％）で算定される課徴金が課されます。売上が多いと課徴金は莫大な金額になります。しかも、過去10年以内に同様の行為があるときなどは、課徴金は1.5倍になります。カルテル行為を行った者に対しては刑事罰が用意されています。

実例として、近畿地方に店舗を構える百貨店6社が、「優待ギフト送料」（中元・歳暮期に使うカタログで販売する商品の配送料）の額の引き上げについて「情報交換」を行い、うち5社が300円程度に引き上げることを「合意」したケースがあります。5社に対して、排除措置として取締役会で合意消滅を確認することなどが命じられ、総額1億9,397万円の課徴金の支払いが命じられています（公正取引委員会命令平成30年10月3日）。なお、「情報交換」にとどまり、「合意」には参加しなかった百貨店には排除措置や課徴金の支払いは命じられていません。

◎入札談合

入札談合もカルテルの一種です。「入札談合」とは、国や自治体など官庁が発注する公共工事や物品の公共購入に際して、入札参加者が一緒になって「受注予定者」や「受注予定金額」を勝手に決めてしまう行為です。

本来、入札参加者それぞれの自主判断によっていくらで参加するかを決めて、競争して、その結果、落札者が決まるべきものです。しかし、自社の利益を確保できるような少しでも高い入札価格で、しかも官庁が予定しているらしい価格（予定価格）にギリギリ近い価格を算定することは難しいことです。そこで、入札参加者たちが一緒になって、「今回の落札者はA社にしよう」「入札価格は、官庁の予定価格がたぶん100万円だろうから、A社は95万円で入札して、他の参加者は97万円で」と決めてしまうのです。これだと事情を知らない官庁側は一番安いA社に落札させます。が、実は出来レースなのです。こうした行為は、同業者が入札に関する競争をやめてしまう「合意」であり、カルテルです。

入札談合が行われると、本来競争によって安くなるはずだった分、官庁は税金で得られた貴重なお金を余計に支払うことになります。そこに入札談合の違法性があります。談合に参加した企業に対しては排除措置が命じられ、課徴金が課されます。

◎官製談合防止法

上記のように、官庁の予定価格が「たぶん100万円だろう」という程度では心もとないので、入札参加者はなんとかして「予定価格」を官庁の担当者から聞き出そうとします。その過程で、贈賄行為も起き得ます。また、仮に情報を漏らした場合、官庁担当者は官製談合防止法により刑事罰を科される可能性が出てきます。

また、入札談合で、適正な入札であればできたであろう落札価格（公正価格）を上回ったなど、公正さを害したと認定されると、刑法で処罰されます（公契約関係競売等妨害罪）。

あなたが仕事の関係で公共入札の担当になる可能性もあるでしょう。そのとき、ひょっとすると他の入札参加者から「受注予定者を決めませんか」と誘われることがあるかもしれません。そのときは自分自身が刑事罰に科せられるおそれがあること、会社も課徴金の支払いを命じられる可能性があることを、ぜひ思い出してください。そして、「ウチは社の方針で、そういうことはできないのです」ときっぱりと断れば良いのです。

◎リーニエンシー制度

カルテルに万一参加してしまった場合でも、課徴金を免れる方法があります。「リーニエンシー制度」（課徴金減免制度）を利用する方法です。リーニエンシー（leniency；寛大さ）制度とは、公正取引委員会にカルテルや談合の事実を自主的に報告し、調査に協力することで課徴金を減免される制度です。公正取引委員会が調査を開始する前に、1番目に報告・資料提出をすれば全額が免除され、2番目は20％、3～5番目は10％を、6番目以降は5％を、それぞれ減額されます。また、調査開始後であっても調査協力に応じれば減額されることになっています。さらに、協力度合いに応じた減算率の上乗せもあります。なお、リーニエンシーの申請方法は、以前はファクシミリでの送信に限られていましたが、2020年12月25日以降、電子メールによる送付に変更されました。

万一、あなたが担当している業務でカルテルが行われている可能性があれば、上司を通じて経営陣に報告すべきです。リーニエンシー制度を利用するのは経営陣の義務だとすらいえます。

◎恐ろしい海外でのカルテル

　海外、特に米国はカルテルに極めて厳しい姿勢をとります。日本ではカルテルで個人に刑事罰が科されることは実際はあまりありませんが、米国では反トラスト法（日本の独占禁止法に相当）違反があると担当者個人に刑事罰を科します。2010年以降に摘発された「自動車部品カルテル」では多くの日本企業が巨額の制裁金を課され、数十人の日本人が米国の刑務所に収監されました。カナダや欧州にもカルテルで個人を処罰する法律があります。あなたが海外勤務を命じられたとき、カルテルに対する姿勢は日本と比べものにならないほど厳しい可能性があることを肝に銘じておくべきです。

3-5　私的独占

◎独占の弊害

　独占禁止法はさらに「私的独占」を禁止しています。「私的独占」というのは、**ある業界で、特定の企業が独力で、または他の企業と結託して、他の弱小事業者を排除したり、支配したりして競争できなくなるようにして業界を牛耳り、企業間の競争がなくなってしまうようにすること**をいいます。

　もし、私的独占が行われると、どの店に行っても、特定の商品分野では1社の物しか売っていません。品質競争がないので粗悪品でも消費者は文句をいえません。価格競争がないので高額の値段がつけられても、やはり消費者は買わざるを得ません。消費者の「商品を選ぶ権利」は失われます。そうしたことが起きないための法律です。違反行為には、事業を他に譲るなどの排除措置が命じられ、課徴金が課されます。

　私的独占の事例としては、事実上独占に近い音楽著作権を管理する事業者が、放送局との間で曲ごとの著作権使用料ではなく「包括的」に使用料を徴収するようにしていたことは、他の著作権管理事業者が競争に参加できなくする効果があるとして、実質的に独占だと判断された事例があります（「著作権管理事業者事件」最判平成27年4月28日）。

　どの企業もシェア向上を願って努力しているのですが、企業がいったん私的独占状態になってしまうと、品質も価格も勝手放題で消費者無視というのでは、消費者が迷惑を被ります。資本主義社会では、品質と価格による競争は歓迎されますが、独占者の無法は許されません。

図4-9 独占の弊害

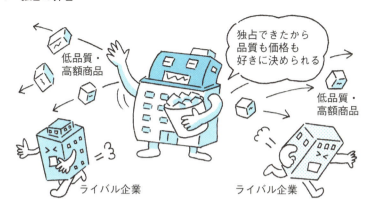

◎「GAFA」IT産業でも独占？

　「独占」が起きるのは情報産業でも同じです。いま、「GAFA」(グーグル、アップル、フェイスブック、アマゾン・ドット・コムの頭文字) と呼ばれる4つのIT企業が、それぞれの市場を独占しているのではないかと問題にされ始めています。

　4社はそれぞれ検索エンジン、スマートフォン用OS (基本ソフト)、SNS、電子商取引の市場で、とても高いシェアを持っています。となると、ライバル企業を圧倒してしまい、競争がなくなってしまうのではないかという心配が出てきます。米国司法省は2020年10月20日、グーグルを反トラスト法違反で提訴しました。スマートフォンの端末メーカーにグーグルの検索エンジンを当初から設定するように要求して、ライバル企業が競争する力を低下させている、というのが司法省の主張です。

　あなたも、日ごろから利用している検索エンジン、SNS、ネット売買などについて、「そういえば、このプラットフォームばかり使っているかも」ということがあるかもしれません。そうした関心をもつことで、きっと独占禁止法が身近に感じられます。

Chapter 3 まとめ

☑ 企業間の競争は「品質と価格」で公正に行うべきである

☑ 「ダンピング（不当廉売）」は資本力にものをいわせる不公正な取引方法である

☑ 企業が取引先等に対して販売する価格を拘束する「再販売価格の拘束」は不公正な取引方法である

☑ 「共同ボイコット」「差別的対価」「抱き合わせ販売」なども不公正な取引方法である

☑ 競争をやめてしまうカルテルは消費者、社会にとってマイナスである

☑ 入札談合はカルテルの１つである

☑ 談合に巻き込まれそうになっても、きっぱり断ることが必要である

☑ 万一、自分の担当業務でカルテルが行われている可能性があれば、上司に報告し、一刻も早いリーニエンシーの申請につなげる

☑ 海外ではカルテルに厳しい処分がなされる

Chapter 4

反社会的勢力との関係遮断

～関わらないためにできること～

　反社会的勢力とコンタクトをもつと、会社はとことん食い物にされます。そして、やっかいなことに最近の反社会的勢力は、外見や振る舞いが普通の企業人と変わらない場合もあります。そのため、あなたの日常業務の中でも反社会的勢力と接触する可能性がないとはいえません。十分な注意が必要です。

4-1　なぜ反社会的勢力と関わりをもってはならないのか

　反社会的勢力には、従来の暴力団構成員、準構成員、密接関係者に加えて、「半グレ集団」など新しい勢力も加わっています。一見して普通の市民と見分けがつかないことも多くなっています。

　そうした反社会的勢力と関わりをもってはならない理由は、**反社会的勢力の圧力に屈してあなたの会社がお金を支払った場合、そのお金が、別の会社や人々を攻撃する「活動資金」として使われ、結局、社会全般に迷惑をかける**からです。それは社会の期待に応えるという「社会コンプライアンス」に反する行為です。また、そのことが報道等されれば「反社会的勢力と付き合っている会社」として会社の評判に大きな傷がつきます。さらに、次に述べるようにあなた個人が反社会的勢力にとり込まれる可能性もあります。

　そうした観点から、反社会的勢力とのコンタクトをもってはいけません。

4-2　反社会的勢力の手法

◎「正論」に立脚した攻撃

　反社会的勢力が企業を攻撃する代表的な手法は、**企業にコンプライアンス違反があれば、その点を攻撃し、社会に公表すると圧力をかける**手法です。たとえば、商品・サービスに欠陥があれば、「消費者を大事にしない悪徳企業である」「世間に欠陥を暴露して、批判キャンペーンを行う」といった攻撃です。また、株

主総会の手続きに落ち度があれば、「株主重視経営をないがしろにしている」「マスコミを通じて糾弾する」として、攻撃します。いずれも「正論」に立った攻撃です。

こうした正論の攻撃に対しては、正論で答えるべきです。商品・サービスの欠陥については、仮に欠陥があれば公表し、被害者がいれば賠償し、再発防止策を発表するのです。株主総会の手続きの問題も同様です。

◎個人攻撃

反社会的勢力のもう1つの手法は、企業担当者の個人責任を追及することです。たとえば、あなたが受付事務でミスをすれば、「謝罪しろ」「上司にも謝らせろ」と徹底して個人攻撃をするのです。そうして攻撃に耐えられなくなったあなたや、あなたの上司が「ポケットマネー」でトラブルを解決しようとするのを待ちます。

こうした手法に対してはこちらも、「組織」として対処することです。経営陣に報告を上げ、ミスについては会社として謝罪し、再発防止を宣言するのです。警察や弁護士にも相談すべきです。

4-3 暴力団排除条例

暴力団を取り締まるため、1992年に暴力団対策法が施行されました。同法は指定暴力団を指定し、賛助金の要求、みかじめ料の要求などを禁止しています。この法律を受けて全国の都道府県や一部の市区町村で「暴排条例」（暴力団排除条例）が制定、施行されています。条例では、

①契約時、相手方が暴力団関係者でないことを確認すること、

②契約条項に、相手方が暴力団関係者であると判明した場合は、すぐに解除できる条項を盛り込むこと、

③暴力団に利益提供をしないこと、

などが努力義務として規定されています。

暴排条例で求められる内容を契約書に盛り込むことが求められますが、契約書に「暴排条項」というタイトルで入れるよりは、「コンプライアンス条項」というタイトルで入れる方が望ましいと思います（本Unitの1-2参照）。

なお、反社会的勢力が犯罪行為で得た資金を使って取引をもち掛けてくるこ

とがあります。**マネーロンダリング**（資金洗浄）といいます。たとえば暴力団が賭博でもうけたお金で不動産を買えば、不動産所有者としては正当な所有者になりすませます。そうした行為に、結果的にでも協力したことになるのは、避けるべきです。そこで、「特定の事業者」（金融機関、不動産業、弁護士、公認会計士、税理士など）には、顧客などの本人確認を厳重に行うことが、<u>犯罪収益移転防止法</u>によって義務づけられています。

Chapter 4　まとめ

- ☑ 反社会的勢力と関係をもつことは、社会の期待に反する行為である
- ☑ 反社会的勢力が「正論」に立脚した攻撃手法を用いる場合、こちらも正論で答えるべきである
- ☑ 反社会的勢力が担当者個人に対する攻撃手法を用いる場合、会社として組織的に対応すべきである
- ☑ ビジネスは暴排条例で求められる内容を契約書に盛り込んで行うことが望ましい
- ☑ 反社会的勢力のマネーロンダリングに企業等が協力することを避けるために、犯罪収益移転防止法が制定されている

犯罪収益移転防止法：金融機関、特定の非金融事業者、職業的専門家に資金洗浄対策の義務を課す法律。ゲートキーパー法とも呼ばれる。

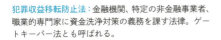

リーガル喫茶室 4

真夜中のリーニエンシー

　雨の降る深夜のことです。あるメーカーの社長が車で帰宅中、会長から電話がかかってきました。電話に出ると、会長は深刻な声で「実はたった今営業部から連絡があって、『事業部としてカルテルに参加していたが、公正取引委員会の調査が始まるらしい』といってきた」というのです。「えーっ！」と社長も絶句です。とんでもないことだが、事実ならリーニエンシー制度を使うしか、道はないではないか…。社長は思いました。

　会長も同じ思いらしく、「そこで、リーニエンシー制度を使うべきだと思うのだが、取締役会で決めなければいけないだろう？　しかし、取締役会を招集するには時間がかかるしなあ…」と困りきった声です。社長はとっさに、「取締役会は後にして、今すぐリーニエンシーの報告申請をすべきでしょう！」と答えました。本当にそれでいいのか、と思いながら。

　結局、そのまますぐにリーニエンシーの報告申請を行い、最初の申請者となったこの会社は課徴金を免れました。「1番をとるためには、一刻も早くリーニエンシーの申請を！」を目のあたりにするようなエピソードです。

　リーニエンシー制度が2006年に始まったとき、私はあまり利用されないだろうと考えていました。「和をもって貴しとなす」「抜け駆けを許さず」という日本の文化の下では、敬遠されるだろうと思ったのです。ところが、実際はどしどし使われています。「会社のお金を流出させることはできるだけ避けるのが、取締役の義務だ」という認識が浸透してきたからでしょう。実際、「リーニエンシーを使っていれば課徴金を免れたはずだ」として取締役に株主代表訴訟が起こされたケースもあります。

　そう考えると、この社長が取締役会には後で報告することにして、リーニエンシーの利用を決断したことが正当であったとわかります。取締役会は株主の代表者として会社の経営事項を決めるところです。とすれば、今この瞬間にリーニエンシーの報告申請をして会社のお金を守るべきか、株主に問うまでもありません。取締役会には事後報告すれば十分でしょう。取締役会を開こうとしてリーニエンシーの申請が遅れて、課徴金が減免されなかったとなれば、それこそ、株主代表訴訟で訴えられます。

Unit 5

あなたと情報とコンプライアンス

「お疲れ様、お先に！」
「え、もうお客様名簿の整理、終わったんですか？ さすがＡさん、お仕事が早いですね」
「いや、終わらなかったので、続きは明日。明日は在宅勤務なので、データ持って帰ります」

　Ａさんも、だいぶテレワークに慣れてきたようです。在宅勤務だからといって、長時間労働にならないよう、お気をつけくださいね。おっと、Ａさんが持ち帰ろうとしているUSBメモリーにはお客様名簿が入っているのですか？ それは社外に持ち出して良い情報なのでしょうか？　万一、帰宅途中で紛失したら、明日は会社が上を下への大騒ぎになります。Ａさん自身も社内処分を受けることになりかねません。
　職場で働くあなたの周囲は内部情報にあふれています。その中には機密情報や、法律で守られた知的財産があるかもしれません。
　Unit 5では「機密情報」と「知的財産」を守ることの大切さについて学びます。

Chapter 1

機密情報を守る

～情報漏えいをしない・させない～

　機密情報は会社の財産です。会社の財産を守ることは会社のオーナーである「株主の期待」に応えるコンプライアンスです。
　ここでは、働くあなたの周辺にはどれほどたくさんの「内部情報」があるのか、その中に「機密情報」がどれほどたくさんあるのか、その機密情報が漏えいするとどんな大ごとになるのかをみていきます。そして、それらの機密情報を守るために、あなたがどんなことをしたら良いのかを学びます。

1-1　身の周りには機密情報がいっぱい

◎社内のさまざまな機密情報

　あなたの職場には「商品開発」「生産」「購買」「営業」「人事」などに関連した、さまざまな内部情報があります。その中には会社が「部外秘」などとして取り扱っている「機密情報」も少なくありません。たとえば営業部のオフィスの壁に、「今月の売上目標」「各営業担当者の実績表」「今週の行動予定」などと書いた掲示があれば、それは営業活動に関する機密情報です。ライバル会社の人たちがそれらの情報をみることができれば大喜びです。「敵を出し抜く営業戦略」が可能になるからです。

図5-1　あなたの周りの内部情報の例

部署	内部情報
経営企画部	経営戦略情報
人事部	従業員の個人情報（名簿、緊急時連絡先リスト）、新規採用応募者名簿
経理部	キャッシュフロー管理情報
総務部	社外ネットワーク情報、株主情報
法務部	契約書作成情報
営業部	顧客情報（名簿、有力見込み客リスト、営業目標、取引額一覧表、取引先からの業務メール）
生産部	生産管理情報、コスト情報
購買部	購入先情報、購入原価
知的財産部	知的財産の登録戦略情報
商品開発部	新製品のコンセプト、ネーミング、デザイン、設計図、成分表

◎意識されにくい機密情報

　それにもかかわらず、こうした情報は「機密」としてなかなか意識されにくいのが実情です。「機密情報」というと、経営戦略会議が直轄して極秘裏に行っている重大プロジェクトの情報のようなものと思われがちです。しかし、あなたが日常的に扱っている、一見ありふれた情報が、ライバル企業、投資家、社会からみれば、貴重な機密情報なのです。肝心の社内の人たちは、いつも接しているだけに、情報が「空気」のような感じになってしまい、リスク感覚が薄れがちです。

　たとえば、同業他社で働いている友人があなたのオフィスを訪ねてきて、周りの掲示や無造作に置かれている試作品、資料などをみれば、目を輝かせながら記憶に刻んでいるかもしれません。そのため、来客が立ち入りそうな場所には一切、サンプルや予定表を置かないように気を配っている会社もあります。

Unit 5-Chapter 1 　機密情報を守る

◎機密情報を漏えいすると大きな波紋が

　たとえわざとでなくても、あなたが機密情報を漏えいしてしまうと、社内処分の対象になります。個人情報を漏えいした場合であれば、会社は漏えいの対象となった人々に誠実に謝罪し、損害があれば賠償しなければなりません。技術情報の漏えいであれば、会社はライバル企業に競争力を奪われてしまいます。また、情報漏えいが報じられることにより、「情報管理が緩い会社」として会社のレピュテーションは低下し、株価にも影響が出てきます。会社が被ったこれらの損害について、あなたに賠償請求してくることも考えられます。

　ひとたび機密情報の漏えいが起きると、予想もつかないほど大きな波紋を広げることになります。ある会社の営業担当者は、数十名の重要顧客リストをUSBメモリーに入れて持ち歩いているとき紛失してしまいました。会社は、役員と担当者とでリストの顧客全員に謝罪して回り、①USBメモリーなど記録媒体管理の社内ルールがあったこと、②ルールに反して担当者が持ち歩いていた理由、③今後の再発防止策について報告書を提出しました。この対応が評価され、損害賠償という話にまではなりませんでしたが、機密情報の入ったUSBメモリーを紛失するとこれだけの事態になるのです。

1-2 従業員の守秘義務

◎「誠実義務」と「守秘義務」

　こうした状況を防ぐため、従業員には会社の機密情報を守る義務が課されています。従業員には、会社との労働契約に基づき、「誠実義務」が課されていますが（Unit 2の2-1参照）、その中には**会社の機密情報を守る義務**である「守秘義務」がもともと含まれています。

　それでも念のため、多くの会社は、就業規則に「労働者は在職中および退職後においても、業務上知り得た会社の機密を漏えいしないこと」といった具体的な条項を規定して「守秘義務」を明記しています。

◎意図的な漏えい行為には刑事罰

　機密情報は一定の要件を満たすと「営業秘密」として認定されます（本Unitの3-2参照）。会社の役員・従業員が不正の利益を得る目的で、営業秘密を私的に使ったり、外部に開示したりする行為には、不正競争防止法によって刑事罰が科

されます。実例として、包装機械メーカーの従業員が包装機械の設計図をライバル会社の営業本部長宛てにメールで送り、懲役2年6カ月（執行猶予付き）および罰金100万円の有罪判決を受けたケースがあります（「設計図メール送信事件」横浜地判平成28年1月29日）。

◎**何が機密情報なのか**

　といっても、会社の中にあるどの情報が機密情報として守るべきものなのかは、なかなかわかりにくいものです。そこで、会社は機密情報として厳重に保管すべき情報については、「この情報は当社の企業秘密である」などと記載したステッカーを貼ったり、「マル秘」のスタンプを押したりします。また、「情報管理研修」などで社内のどの情報が守るべき機密情報なのかを伝えるようにしています。

　しかし、こうした特別な対応がされた情報でなくても、内部情報の中でも常識的にみて「守った方が良い」と思う情報であるなら、機密情報だと考えて守るべきです。「ライバル企業からみればこの情報が欲しいだろうか」というのは1つの判断基準です。

1-3　どうやって機密情報を守るのか

◎**記録媒体を厳重に保管する**

　では、機密情報はどのようにして守ったら良いのでしょうか。第一は、パソコン（ハードディスク）、USBメモリー、CD、DVDなどの電磁的記録媒体、また情報をプリントした「紙」など、記録媒体を厳重に保管することです。専用のキャビネットに保管して、保管責任者が施錠して管理します。

　記録媒体を社外に持ち出すことは内規で禁止されている会社が多いはずですが、パソコンやUSBメモリーを持ち出して、帰路、飲食店などに立ち寄って紛失してしまう事例が多発しています。特に、テレワークが多く行われるような状況では、ルールを無視して、つい記録媒体を持ったままで会社と自宅の間を行き来するような状況も出てこないとはいいきれません。機密情報の入った記録媒体の保管には、通常以上に皆で留意することが必要です。

Unit 5-Chapter 1　機密情報を守る　　　117

◎情報へのアクセスを制限する

　第二は、**情報へのアクセスを制限する**ことです。社内のサーバーには特定の権限者以外はアクセスを制限します。また、サーバーを置いてある「サーバー室」「執務室」などへの出入りについても、入口には監視カメラや金属探知機を設け、入退室を記録するなどして、情報の持ち出しができないよう管理します。入室時にはスマートフォンなどの端末は預かるべきです。会員情報3,504万件（同社公表2014年9月25日）が流出した「通信教育会社事件」では、執務室への私用スマートフォンの持ち込みを制限していなかったことが原因の1つとなりました。

◎外部からの攻撃に備える

　さらに、**外部から不正アクセスして情報を抜きとる攻撃もありうるので、その備えが必要**です。たとえば、「標的型攻撃メール」といって、取引先からあなたへの業務メールを装って偽のメールを送りつけてくる攻撃があります。送信者がおなじみの取引先なので、安心してメールを開くと「業務の参考にこの添付ファイルをご覧ください」と記載してあり、ファイルを開くと「情報抜き取りウイルス」に感染させられて会社の情報が流出するというものです。実例として、旅行会社に取引先の「航空会社」を名乗って送信されてきたメールの添付ファイルを開いたところ、ウイルスに感染させられ最大793万人の個人情報が流出した可能性が明らかにされたケースがあります（「旅行会社名簿流出事件」同社公表2016年6月14日）。企業名や担当者が本物と同じであっても、安易に添付ファイルを開かない、URLをクリックしない、送信者のメールアドレスを確かめるなどの注意が必要です。

　こうした特殊な攻撃方法に限らず、会社のサーバーはいつも「不正アクセス」の危険にさらされています。会社は、お客様の個人情報、従業員情報、技術情報などを守るため、常に最新のセキュリティ体制を築いておく責務を負っています。

◎外部での会話に気をつける

　会社の外に出たとき、レストランや居酒屋、電車、飛行機、バス、タクシーの中などでの会話には注意しなければなりません。「ここだけの話だけれど、新製

品のネーミング、決まったらしいですよ」「え！　第一候補の〇〇？」といった会話をするとき、そばにライバル企業の社員やマスコミ関係者がいないとはいいきれません。長距離用の電車に乗ったときなど、近くの席の人たちの会話がどれほどよく聞こえるかを思い出してみてください。

　社外の人に聞かれてはならない情報については、社外では安易に話題にしないことです。

図5-2　移動中の会話

Chapter 1 まとめ

- ☑ あなたが業務で日常的に扱っている情報は、他者からみれば貴重な機密情報である
- ☑ 機密情報を漏えいした場合、意図的でなかったとしても、社内処分の対象になる
- ☑ 従業員には会社の機密情報を守る「守秘義務」が課されている
- ☑ 自らの利益のために意図的に「営業秘密」を漏えいした場合、不正競争防止法によって刑事罰が科される
- ☑ 機密情報を守るためには、
  - ① 記録媒体を厳重に保管する
  - ② 情報へのアクセスを制限する
  - ③ 不正アクセスなど外部からの攻撃に備える
  - ④ 社外での会話に気をつける

個人情報を守る

～情報の適正な取得と保護～

　あなたは仕事を進める上で、顧客、従業員、役員、取引先の担当者など多くの人の「個人情報」に接することになります。それらは、個人の「安全と安心」に直結する情報であり、人として他の人には知られたくない「プライバシー」に関する情報でもあります。顧客があなたの会社を信頼して寄せてくれた情報を守ること（＝消費者コンプライアンス）、会社が適切に管理するという期待を前提に提供された従業員情報を守ること（＝従業員コンプライアンス）など、ここでは個人情報の保護について学びます。

2-1　個人情報を守ることの重要性

◎個人情報とは何か

　個人情報保護法では、「個人情報」とは、生存している特定の個人を識別できる情報と定義されています。個人を特定できるという点を「個人識別性」といいます。ある情報をみる、聞くなどすれば、「ああ、あの人だ！」とわかる情報のすべてが個人情報です。氏名、住所、顔写真、声の録音、カルテなどは個人情報といえます。メールアドレスもアドレスの中に氏名がわかるなど、特定の個人を識別できる文字が含まれていれば個人情報です。

　また、「個人識別符号」といって、運転免許証番号、マイナンバー、パスポート番号なども個人情報です。番号だけをみていても個人の特定はできませんが、しかるべき番号台帳と突き合わせれば個人を識別できる可能性があるので、個人情報の1つとされています。

　個人情報を検索できるデータベースに含まれる個々人の情報を「個人データ」といいます。また、個人情報の主体である人を、個人情報保護法は「本人」と呼んでいます。

◎個人情報保護法が適用される企業

　個人情報保護法が適用される企業は「個人情報データベース等を仕事で使っている企業」です。個人情報を顧客名簿や社員名簿として体系的にまとめて、検索できるようにしてデータベースを作成保管したりファイリングしていれば対象となるわけで、ほとんどの企業が対象になります。

◎個人の「安全と安心」を守る

　個人情報を守るべき理由の第一は、個人の「安全」を守るためです。ある信販会社の支店長代理は自分の借金を減額してもらおうと暴力団に助力を頼んだところ、暴力団から顧客データを渡せと脅され、氏名、住所、生年月日、自宅・勤務先の電話番号、年収、カードの利用状況などが記載されている1万人分以上の顧客データを渡していたということが、2003年に新聞やテレビなどで報道され、明らかになりました（信販名簿流出事件）。もし、あなたのこうした情報が暴力団の手にわたったらどうかと想像してみてください。個人情報が個人の「安全」に直結する、リスクの高い情報であることが理解できることでしょう。

　前掲の「通信教育会社事件」（本Unitの1-3参照）では、流出した会員情報3,504万件が名簿業者3社に売却されています。事件発表の前から、「（その）通信教育会社のみに登録した個人情報なのに、他社からダイレクトメールやセールスの電話がある」といった苦情が寄せられていました（同社公表2014年7月9日）。顧客の個人情報をしっかりと守ることで、顧客は知らない企業などからのダイレクトメールやセールス電話に煩わされずに済みます。そのことが顧客の「安心」につながります。

◎個人のプライバシーを守る

　個人情報を守ることは、個人のプライバシーを守ることにもつながります。「信販名簿流出事件」では流出した情報に「年収」「カードの利用状況」が含まれていました。誰でも自分の年収や何にお金を使ったのかは、人に知られたくありません。「個人情報」の周辺にはこうした多くのプライバシー情報があります。個人のプライバシー情報を守るのも会社、そしてそこで働くあなたの責務です。

　なお、個人情報保護法は「人種、信条、社会的身分、病歴、犯罪の経歴、犯罪により害を被った事実」など本人に対する不当な差別や偏見が生じる可能性のあ

る個人情報を「要配慮個人情報」と名づけ、取得する際には本人の同意を得るように求めています。プライバシーを尊重するための規制だといえます。

2-2 個人情報保護法で求められていること

◎個人情報は「適正」に取得する

企業は個人情報を取得する場合、「適正」に取得することが求められており、「不正」な方法での取得は禁止されています。たとえば、本当は親会社が個人情報を使うつもりなのに、子会社名義で顧客に「アンケート調査」を送るような方法は、不正な取得です。

また、「要配慮個人情報」を取得する際は、事前に本人の同意を得る必要があります。

◎個人情報の「利用目的」を明示する

個人情報を取得するときは、情報の「利用目的」をあらかじめ公表するか、通知する必要があります。たとえば、アンケート調査票を送るときに、「いただいた情報は今後、当社が行う、お客様特典のご案内に使用いたします」というように、目的を明らかにすることが求められています。

◎個人情報の「安全管理」を実行する

顧客や従業員から取得した個人情報は、流出、滅失、毀損などしないように、「安全管理」を徹底することが求められています。そのためには、企業は情報管理を担当する従業員に対して適切な監督をしなければなりません。

◎委託先に対する監督責任を果たす

また、企業が個人データの取扱いを他の企業に「委託」するときは、委託先に対して適切な監督をすることが必要です（委託先監督責任）。

前掲の「通信教育会社事件」では、通信教育会社は会員名簿のデータベース管理をグループ会社に委託し、グループ会社はさらに他の会社に再々委託をしていました。そうしたところ、再々委託先の従業員がスマートフォンで会員名簿のデータを抜き取り、名簿会社に売却していたのです。この事案で、裁判所は、通信教育会社にも、グループ会社にも、委託先の管理義務違反があるとして会員

滅失：消滅または紛失のこと。

に対する損害賠償を命じています（東京高判令和元年6月27日）。スマートフォンでの情報抜き取りが行われる可能性を予想すべきであったという理由です。

判決は、企業が他社にデータベースの管理を委託するときはよほど厳重に監督しなければならないことを示しています。顧客情報管理を他社に委託しておいて、漏えいがあったとき「委託先が悪い」などと言い訳することはできません。

なお、通信教育会社ではこの事件の後、顧客へのお詫びや問い合わせ対応費用に加え、事件の調査・情報セキュリティ対策等に係る費用260億円を特別損失で計上し、企業としての信頼失墜のみならず、経営面でも大きなダメージを受けました。

図5-3　通信教育会社事件の構図

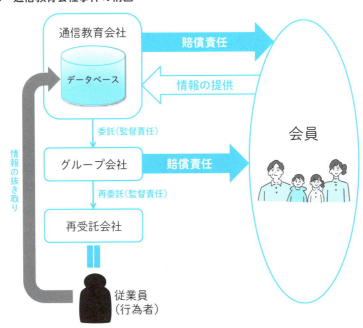

◎第三者提供とグループ会社での取扱いに留意する

個人データを第三者に提供するときは、事前に「本人の同意」が必要です。この事前同意のことを「**オプトイン**」（opt in）といいます。optは「選ぶ」という意味

であり、opt in は第三者への提供に同意するという意味になります。前掲の「信販名簿流出事件」は、いってみれば信販会社が保有する個人データを「暴力団」という第三者に提供した事件です。第三者に提供するのには「本人の同意」が必要なことがわかります。

なお、グループ企業といえども「第三者」です。あなたの会社がアンケートなどで取得する個人データをグループ企業でも使用するのであれば、「アンケートでいただいたお客様の情報はグループの○○社に、下記利用目的の範囲内で提供することを予定しています。アンケートにお答えいただいたときは○○社への情報提供にご同意いただいたものとして取り扱わせていただきます」などと明示して同意を得ておくことが必要です。そうすれば後でグループ企業が個別に同意をとる必要はなくなります。

このとき、顧客がアンケートに答えなかったり、「第三者提供には同意しない」と明示して不同意を示すことを「オプトアウト」(opt out) といいます。

なお、アドレスを公開している人や名刺交換でアドレスを教えてくれた人に対しても、広告、宣伝のメールを送るときは、その中に受信者が受信を断ること（オプトアウト）ができる旨を記載する義務があります（特定電子メール法）。

2-3 ビッグデータと個人情報

「ビッグデータ」とは非常に大量かつ多様なデータのことですが、データの分析手法が発達し、分析から一定の傾向を見出し、ビジネスに役立てようという動きが活発化しています。「午後4時に車に給油する人は、その後、レストランか食品店に行く可能性が高い。だったら、給油している人にレストランか食品店のクーポン券を配ろう」というのはビッグデータの活用例の1つです。この「午後4時の給油」のエピソードは世界210カ国15億人の取引データを分析した結果だということです（『ビッグデータの正体 情報の産業革命が世界のすべてを変える』ビクター・マイヤー＝ショーンベルガー、ケネス・クキエ著、斎藤栄一郎訳、講談社、2013年、194〜195頁）。

今後、「こんな商品があったらいいな」という消費者の願望データが商品・サービス企画に利用されたり、消費者の買物傾向から「おすすめ商品」の提案に使われたりと、ビッグデータはビジネス展開に大いに活用されると考えられます。

けれども、個人情報保護の観点からみると、分析の結果、個人が特定されてし

まうのは困ります。そこで、個人情報保護法はビッグデータで個人が特定されないように加工すること、また復元できないようにすることを企業に求めています。このように加工した情報を「匿名加工情報」といい、利用する企業に「安全管理」が義務づけられています。ビジネス利用で情報をなるべくピンポイント化したい企業側の要望と、個人を特定されたくない消費者側の要望との接点をどう調整するかが問われています。

2-4 個人情報が漏えいしたら、すぐ報告を

　顧客・取引先・従業員などの個人情報が漏えいした場合は、直ちに漏えい対象となった人々に漏えいの事実を伝えなければなりません。人数が多くて一人ひとり伝えるのが無理なら新聞広告などで公表すべきです。名簿会社などを通じて、個人情報が転々と流れていき、悪質商法の会社、最悪の場合は暴力団などの手に渡るかもしれません。そうなると対象となった人々が犯罪に巻き込まれるリスクが出てきます。特に顧客名簿が流出したときは、その事実の通知・公表の有無が会社に対する消費者の信頼を左右します。ところが、「流出の規模を確認すべき」「全体像がわかってから」などの理由で、企業はなかなか漏えいを公表しようとしないことが多いのです。

　そこで、2020年に個人情報保護法が改正され、個人の権利利益を害するおそれが大きい個人データが漏えいなどした場合、個人情報保護委員会への報告および本人への通知が企業に義務づけられました。2022年4月1日から施行されます。

2-5 海外の規制

　欧州連合(EU)は「一般データ保護規則」(General Data Protection Regulation；GDPR)という個人情報保護ルールを定めています。日本企業が現地に営業所などを設置していると「データ保護責任者」の設置が求められます。さらに、欧州現地に活動拠点がなく日本で事業をしている場合であっても、EUから日本への観光客など、EU居住者の個人データを扱っているとGDPRが適用されます。

　GDPRでは「消去権」が認められています。たとえばEU居住者である顧客から「私のデータを消しておいてください」といわれたら、企業はそれに応じて消去する義務があります。日本の個人情報保護法でも、本人に利用する必要がな

データ保護責任者：GDPRの順守を促進するための責任者。

くなった場合など「利用停止」を求める権利が規定されています。しかし、要件を満たさないと権利行使ができません。これに比べて、GDPRでは単純に消去権が認められています。GDPRに従わないと、最大で企業の世界年間売上の4％、または2,000万ユーロのうち、高額な方を上限とする制裁金が科される可能性があります。

米国では個人情報保護が州レベルで行われています。カリフォルニア州の「消費者プライバシー法」(California Consumer Privacy Act；CCPA)は2020年1月から施行されています。年間売上2,500万ドル以上、5万件以上の個人情報を取り扱う企業が対象となります。

あなたの会社が海外進出をする場合、現地の個人情報保護の法体制を調べ、対応することが必要です。

Chapter 2　まとめ

- ☑ 「個人情報」とは「生存している特定の個人を識別できる情報」のことである
- ☑ 「個人情報データベース等を仕事で使っているすべての企業」に、個人情報保護法が適用される
- ☑ 企業は個人データの取扱いを他の企業に「委託」するときは、委託先に対して監督責任を果たさなければならない
- ☑ 個人データを第三者に提供するときは、事前に「本人の同意」（オプトイン）が必要である
- ☑ ビッグデータを活用する際は、個人が特定されないように加工すること、復元できないようにすることが必要である
- ☑ 個人情報が漏えいした場合は、直ちに漏えいの事実を通知・公表しなければならない
- ☑ 海外にもGDPRやCCPAといった個人情報保護に関する法律があるので、海外進出の際は現地の法体制について調査・対応を行う

Chapter 3

営業秘密を守る

～3要件と法的保護～

　あなたの会社の中にある内部情報のうち、会社が「機密情報」として取り扱っている技術情報や営業情報は、一定の要件を満たせば不正競争防止法上の「営業秘密」として法的な保護を受けられる可能性があります。これらの機密情報は、会社が多額の資本を投下し、そこで働く人たちが多大な努力をつぎ込んで築き上げてきた貴重な「財産」であり、それを守ることは会社のオーナーである株主の期待に応える「株主コンプライアンス」の1つです。ここでは社内の機密情報を営業秘密として守るための方法について学びます。

3-1　「営業秘密」とは何か

◎「営業秘密」という言葉

　会社の中にある技術情報や顧客情報などの**機密情報は、要件を満たせば、不正競争防止法上の「営業秘密」として法的な保護を受けることができます。**「営業秘密」という表現だと、「顧客名簿」など販売活動で使う情報に限られるように誤解されがちですが、技術情報を含みます。日常感覚としては、「企業秘密」という表現がしっくりきます。焼鳥屋さんもタレの成分については「ウチの企業秘密ですよ！」というくらいですから。

図5-4　営業秘密の例

情報の種別	例
技術情報	設計図、製造工程表、成分表、試作品
営業情報	顧客名簿、販売価格表、代理店の詳細情報
事業活動全般に関する情報	原料・部材・部品などの仕入先、仕入価格、倉庫・物流などの取引先

3-2 営業秘密として法的権利を得られる3要件

◎3つの要件が求められる理由

裁判所で「営業秘密」として認定されると、その情報を不正に使ったり売ったりしている侵害者に対して「侵害行為をやめろ」と請求する権利（差止請求権）と、損害の賠償を請求する権利（損害賠償請求権）を得ることができます。

ただし、会社が、こうした権利を獲得するためには、対象となる情報について、次に述べる「管理性」「有用性」「非公知性」という3つの厳格な要件を満たさなければなりません。要件が厳格なのには理由があります。たとえば、技術情報が「特許権」という強力な権利を得るためには、技術内容を公表しなければなりません。それに対して営業秘密の場合は、公表することなく権利が得られます。そのため、「それ相応の企業努力」を行って営業秘密として認定されて初めて、差止請求権、損害賠償請求権という権利が与えられることにしたのです。

あなたが資料や名簿の管理を担当しているならば、秘密防衛の「それ相応の企業努力」の先端部分を担っていることになります。そう考えると、情報管理の業務は「営業秘密」として認められるための、やりがいのある仕事といえます。

◎「管理性」の要件

営業秘密と認定されるための3要件の中で最も重要なのは「管理性」の要件です。会社が秘密情報を守るために、情報管理を厳重に行っていることが求められます。具体的には、

①情報が秘密情報であることを示す「表示」を行う、

②情報に接することができるアクセス権者を制限する、

③USBメモリー、CD、DVDなどの電磁的記録媒体、プリントした紙など、情報の記録媒体をカギのかかるキャビネットに保管する、

④サーバー室など情報に触れられる場所への出入りを制限する、

などの努力が求められます（本Unitの1-3参照）。

前掲の「通信教育会社事件」では、裁判所はサーバーに対するスマートフォンのアクセスを制限していなかったことについて、管理性に問題があったと指摘しています。また、業務委託先の従業員でさえ再々委託先の従業員の所属する会社も把握しておらず、そのような者にアクセスを認めていた点で管理が「著

しく不適切であった」としています（東京高判平成29年3月21日）。

　人の管理という点では、**重要な機密情報に接する人には特別な「守秘誓約書」を提出してもらうことが適切**です。労働契約上の誠実義務や、就業規則上の一般的な守秘義務はあるのですが、接する機密情報を細かく記載すれば、専用の守秘誓約書となり、より効果的です。

◎「有用性」「非公知性」の要件

　さらに、**その機密情報が「事業活動に有用な情報であること」（有用性）、「公然と知られていない情報であること」（非公知性）が必要**です。「有用性」とはその情報があれば、競争上、有利になる情報だということです。たとえば顧客名簿は名簿会社が売買しています。情報が値段を付けて売り買いされていることは、有用性の証拠になります。

図5-5　会社の中にある情報

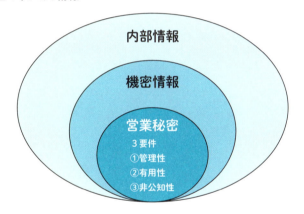

3-3　営業秘密はどのように奪われているのか

◎転職した元上司からの接触

　実際に営業秘密をはじめとする機密情報がどのように盗み出されているか、実例をみてみましょう。外部の企業や人々が、会社の機密情報をなんとか手に入れようとして接触してきていることがわかります。

前掲の「設計図メール送信事件」（本Unitの1-2参照）で、包装機械メーカーの従業員が、営業秘密である包装機械の設計図をメール送信した相手は、元上司で、転職してライバル会社の営業本部長となっていた人物でした。元上司が主導して起こした事件だったのですが、実はその従業員は、元上司の会社への転職を予定していました。

この事件では、従業員だけでなく元上司もまた、不正競争防止法違反（営業秘密の侵害）で逮捕され、執行猶予付きの懲役および罰金の有罪判決を受けました。

◎ライバル企業から「情報を交換しよう」との誘い

化学会社の研究職従業員が、スマートフォンの画面製造に用いられる特殊な材料の製造工程に関する機密情報を中国企業に送信して、不正競争防止法違反で書類送検されたことが、2020年10月に新聞やテレビなどで大きく報じられました。SNSで知り合った中国企業の技術担当者から「お互いの技術情報を交換しないか」と誘われて応じたのですが、中国企業からの交換情報の提供はなかったといいます。

もし、あなたが外部から「機密情報を流してほしい」という依頼を受けたら、相手が誰であれ、そんな依頼に応じてはいけません。すぐに会社に報告しましょう。

Chapter 3 まとめ

☑ 会社の中にある機密情報は、
① 管理性
② 有用性
③ 非公知性
の3要件を満たせば、不正競争防止法上の「営業秘密」として法的な保護を受けることができる

☑ 3要件の中で最も努力を要するのは「管理性」の要件であり、会社が秘密情報を守るために情報管理を厳重に行っていることが求められる

☑ 「営業秘密」として認定されると、「差止請求権」「損害賠償請求権」を得ることができる

☑ 競合企業が、あなたの会社の機密情報を入手するために、さまざまな手を使って接触してくる可能性があることを肝に銘じる

Chapter 4

知的財産権を守る

〜知的財産権を侵害しない・させない〜

　ビジネスを進める上で会社は多大な資金と労力を費やして、新しい製品や製造方法を考え出し、デザインを創作し、ネーミングを工夫します。こうした「努力の成果」をライバル企業などがそのまま盗用できてしまうと、企業は先へ進む意欲をなくしてしまいます。そこで努力の成果を守るためにさまざまな法律が制定され、それらの法律で守られるものを総称して「知的財産権」と呼んでいます。ここでは自社と他社の知的財産権の守り方を学びます。

4-1　「知的財産」とは何か

　「知的財産」とは、さまざまな知的創造の成果のことをいい、それ自体が会社の大切な財産です。「**知的財産権**」とは、その財産に対して法律が与える法的な権利の総称です。知的財産は、特許法、実用新案法、意匠法、商標法、著作権法、不正競争防止法、さらには、植物の品種に関する育成者権を守るための「種苗法」、半導体チップの回路の創作者の権利を守るための「半導体回路配置保護法」などによって守られています。

　会社は自社の知的財産が守られるように努力すべきです。同様に、他社の知的財産を侵害することも避けなければなりません。侵害とみられるような事態が起きれば、損害賠償、差止め、刑事罰などの問題が発生してしまいます。

　以下では、主な知的財産権を説明します。

4-2　特許権

◎特許権の強さ

　特許権とは、自然の法則を使った技術的思想の創作であって、特許庁により「新規性」（いまだかつてない）と「進歩性」（容易には思いつけない）があると認められて登録された者に与えられる権利です。登録されて初めて「特許権」という

権利になるのです。特許権は出願の日から20年間、存続します。

　新しい技術は機密情報として守りたいところですが、営業秘密として法的保護を受けるためには本UnitのChapter 3で学んだように管理性など難しい要件があります。これに対して特許権の場合、発明者が登録申請して、技術を公開した上で登録を認められれば、特許権者だけがその技術を使えるようになり（独占権）、他の企業や人が使うことを「侵害」として禁止できます。

　特許権者は、侵害者に対して差止請求、損害賠償請求をすることができます。しかも、賠償請求については、「損害の推定」といって侵害者が得た利益がそのまま権利者の損害と推定される（反対の証拠がない限りそのとおりとする）など、特許権者に有利な制度になっています（損害額推定規定）。さらに侵害者に対しては刑事罰が科されます。このように特許権は非常に強力な権利です。

◎特許権が強い理由

　なぜ、こんなに強力な権利を与えられるかというと、特許権者は、登録手続きの過程で技術内容を「公開」しているからです。公開された技術が書かれている「特許公報」は社会にとって貴重な技術文献です。他企業の技術者たちや発明家にとって特許公報は宝の山です。そこに書いてある技術情報を参考にできますし、乗り越えるべき技術の「目標」が明らかになります。そのような意味をもつ技術公開の「代償」として、特許権者に強い権利が与えられるのです。

◎職務発明と「相当の利益」

　従業員が、会社の業務範囲に属すること、かつ、自分の過去・現在の職務に属することで発明を行うことを「職務発明」といいます。職務発明については会社と従業員との間でトラブルにならないように、契約や内規（職務発明規程など）で、あらかじめ会社が特許を出願する権利の権利者となるよう規定することができます。その場合、従業員は「相当の利益」を得ることができます。

4-3　実用新案権

　実用新案権は「物の形状、構造、組合せ」に関する技術の創作で「考案」と呼ばれるものについて、登録されたことにより与えられる権利です。特許権とは異なり、形式要件だけで無審査で登録されます。存続期間は出願の日から10年で

Unit 5-Chapter 4　知的財産権を守る　　　　135

す。侵害者には刑事罰が科されます。

　特許権と同様に、権利者に差止請求権はあるのですが、特許権と違い無審査で登録されているため、「侵害者」と思われる企業、人に対して権利を行使するためには、特許庁で「実用新案技術評価書」を作成してもらい、その評価書を前もって「侵害者」にみせる必要があります。

　評価書にはその考案の新規性等について、符号1〜6の評価が付されています。「侵害者」も符号が最高の6の評価でなければ、簡単には侵害を認めないでしょう。

4-4　意匠権

　意匠権とは、「デザイン」に関する権利で、「意匠」とは物品の形状、模様、色彩などで構成され、視覚を通じて美観を起こさせるものと定義されています。登録されると差止請求権が認められる点、損害額推定規定がある点、そして侵害者に刑事罰が科される点は、特許権と同様です。意匠権は登録出願の日から25年で終了します。電子機器メーカーがイヤホンについて意匠権を取得しているのは、よく知られている例です。

4-5　商標権

　商標権とは、「ネーミング」「トレードマーク」などに関する権利で、「商標」とは自社の取り扱う商品・サービスを他社のものと区別するために使用するマークです。文字、図形、記号、立体的な形状、色彩、音などで作られています。「需要者がどの企業や人の業務に関する商品・サービスであるかわかる機能を有している」と特許庁に認められれば登録され、権利が与えられます。この「どの企業・人の業務に関するかがわかる機能」があることを「識別性がある」といいます。

　商標権は登録の日から10年間、存続します。更新登録申請手続きを行うことで、10年ごとに権利の更新が可能です。商標権にも差止請求権や損害額推定規定がある点、侵害者には刑事罰が科される点は特許権と同様です。

　立体的な商標としては、乳酸菌飲料のプラスチック容器、ファストフードチェーンの創業者の立像などが有名です。最近は、胃腸薬のCMで使われるラッパの音など、「音」の商標も増えています。

需要者：消費者、取引業者などのこと。

図5-6　知的財産と知的財産権

知的財産	特許庁の審査	知的財産権
特許を受ける権利 （この技術なら、審査を受ければ登録になると期待される権利）	あり	特許権 （晴れて「登録」！）
実用新案 （特許になるほどすごい技術ではないが、登録しておこうという権利）	なし	実用新案権 （無審査で「登録」だが、権利行使時に特許庁の「実用新案技術評価書」が必要）
デザイン （このデザインなら、審査を受ければ、登録になると期待される権利）	あり	意匠権 （晴れて「登録」！）
標章 （この標章なら審査を受ければ登録になると期待される権利）	あり	商標権 （晴れて「登録」！）

4-6 著作権

◎著作権は登録不要

　著作権は、小説、論文、講演、音楽、絵画、建築物、映画、写真、プログラムなど、思想・感情を創作的に表現した著作物の著作者に与えられる権利です。創作性さえあればよく、特許権・意匠権などと違って登録しなくても、創作された瞬間に権利が生まれます。

　著作権は、著作物をビジネスに活用する「ビジネスの面」と、著作者に対する尊敬の表れである「著作者人格権」の面の、二面性があります。ビジネス面では「著作権」は、著作者人格権を除いて、売買することができます。「著作権」の具体的な内容は、複製権（コピー、印刷する権利）、上演・演奏権、公衆送信権（インターネットなどで公衆向けに送信する権利）などです。これらは譲渡契約でビジネス的に譲渡することができます。けれども、「著作者人格権」は、著作者固有の権利

標章：商標として登録されていない文字、図形、記号
など。

だとされ、売買できません。「著作者人格権」は、

①著作物を公表するかどうかを決める「公表権」、

②著作者の氏名を表示するかどうかを決める「氏名表示権」、

③内容を変えてよいかを決める「同一性保持権」、

の３つです。

　ですから、あなたが担当する業務で「著作権を買い取っている」としても、公表、著作者名の表示、内容の変更については著作者の同意を得る必要があります。なお、著作権は著作者が亡くなってから70年存続しますので、著作者が亡くなっているときは相続人に確認することになります。

◎法人著作

　会社の指示に基づいて従業員が職務上作成する著作物は、別途、会社と従業員との間で契約がない限り、著作者は会社とされます。これを「法人著作」といいます。もし、あなたが自分に著作権が生じるはずだと思うのであれば、会社に別途契約を申し込むことが考えられます。

　外部にポスターなどの制作を「委託」するときも、実質的にあなたの会社が細かい指示を出して委託先がそのまま従うような「指揮監督関係」にあれば、会社が著作者になる可能性が高くなります。とはいえ、トラブルを避けるために契約を締結して明確に決めておくべきです。

◎違法ダウンロードは刑事罰に

　著作権を侵害してコンテンツを軽視している違法なウェブサイトから、たとえ自分だけが使うつもりでも、違法と知りながら、漫画、書籍、新聞、論文、コンピュータプログラムなど、すべての著作物をダウンロードすることは、「違法ダウンロード」として刑事罰が科されます。あなたの職場でこうした違法ダウンロードなどがないでしょうか。もしあれば「組織ぐるみの違法ダウンロード」として非難されることになり得ます。

4-7　不正競争防止法によるデッドコピーの禁止

　不正競争防止法は、他人の商品の形態を「模倣」、つまりデッドコピーした商品を、販売、レンタルや販売のために展示、輸出、輸入することを禁止していま

す。デッドコピーが禁止されるのは、先行商品の発売日から3年以内に限ります。デッドコピーに不正の利益を得る目的があれば刑事罰が科されます。

この規定により、**先行する商品の発売者は、デザインを意匠権として登録していなくても3年間はデッドコピーから守ることができます**。実例として、ゲーム開発販売会社が、自社の携帯ゲーム機用のコイル状ストラップ付き「タッチペン」の後発品について損害賠償を認められたケースがあります（「タッチペン事件」東京地判平成24年12月25日）。

4-8 商品・サービスを企画開発するときに注意すべきこと

◎自社の知的財産を守る準備をする

あなたが、商品・サービスの企画を担当することになった場合は、会社の知的財産を守る準備をすることと、他社の知的財産を侵害しないこと、この両面から注意を払う必要があります。

会社の知的財産を守るためには、**技術については、特許権、実用新案権、デザインについては意匠権、ネーミングについては商標権の登録をする**ことを心がけるべきです。会社に知的財産部、特許部があれば、開発中は常に連携することが理想です。

◎他社の知的財産権を侵害しないように検索する

他社の知的財産権を侵害しないように、特許権、実用新案権、意匠権などで登録されている**他社、他人の権利がないかを検索して調べる**ことが必要です。自分では創作性のある開発成果だと思っていても、すでに登録されている権利があれば、将来的に差止め、損害賠償、刑事罰などの問題が生じてくるかもしれません。

◎他人の著作権を侵害しないよう留意する

ただ、著作権は登録されない権利なので、すでに創作されたものであるかを調べることは簡単ではありません。一生懸命に考えたキャッチコピーが、誰かが先に創作していた作品だったということもあり得ます。そこで、宣伝、広告の文言、商品のデザインなどを考えついたときは、その場でデータなどで記録を残すなどして、後日、まねをしたのではなく、**自分が独自に創作したものだと証明で**

きるようにしておくことが理想です。

◎他社の商品にフリーライドをしない

　他社が保有する「著名な」（全国的に知られている）氏名、商号、商標、標章、商品の容器や包装、形態（以下「商品等表示」といいます）を流用する行為、および「有名な」（その地方で知られている）商品等表示を流用して、その会社の商品や営業と誤認混同を起こさせる行為は、不正競争防止法で禁止されています（刑事罰についてはUnit 6の2-3参照）。こうした行為は、他社の名声やヒット商品の販売力に「ただ乗り」することであり、「フリーライド」と呼ばれます。他社が多大な努力と資金をつぎ込んで築き上げた名声に、ちゃっかりと乗って自社の商品を売っていこうというのですから、公正な企業活動を望む社会の期待に反します。その点において「社会コンプライアンス」に反する行為といえます。また、消費者に本家の商品・サービスであると誤解させる点で「消費者コンプライアンス」にも違反します。

Chapter 4 まとめ

- ☑ 知的財産権とは特許権、実用新案権、意匠権、商標権、著作権などの総称である

- ☑ 商品・サービスの企画開発をするときは、自社の技術、製造方法、ネーミング、キャッチコピーなどが守られるように、登録できるものは登録する

- ☑ 商品・サービスの企画開発をするときは、他社の知的財産権を侵害しないよう、権利が登録されていないか検索することが必要である

- ☑ 商品・サービスの企画開発をするときは、他人の著作権を侵害しないように注意しながら、自分が創作したことを証明できる記録を残すことが大切である

- ☑ 他社の名声やヒット商品のもつ販売力にフリーライドすることは、行うべきではない

顧客名簿の盗み出し・今昔ものがたり

　30年以上前の話です。「じゃ、今日で辞めますので…。お世話になりました。あ、ちょっと私のバッグをみてください。何も入っていませんよ」と、ベテランの営業マンは退職の日、同僚たちに自分の鞄を開けてみせました。「変なことをする人だなあ」と同僚たちは怪訝に思いながらも鞄をみると、確かに何も入っていませんでした。それからしばらくして、その会社の顧客名簿2万人分が業界に出回り始めました。退職した営業マンは実は顧客名簿を持ち出していたのです。名簿を持ち出した引け目があったから同僚たちに鞄をみせたのでしょうか…。人の心は不思議なものです。

　調べてみると、その営業マンは退職する2カ月前くらいから毎土曜日に出社して、コツコツと顧客名簿をコピーしていたことがわかりました。作業した状況がコピー機の記録にちゃんと残っていたのです。社長は事件前、出勤簿をみて営業マンが毎土曜日に出社していることを知り、「営業の面白さに気づいたんだな」と喜んでいたそうです。その思いは裏切られました。持ち出された顧客名簿のコピーは段ボール3箱分、都内のホテルで名簿業者に現金と引き換えに渡されたことが判明しました。

　このように情報を紙にコピーしていたアナログの時代とデジタル化した現代とでは、事情がまったく違います。なにしろ1GB（ギガバイト）あれば、単行本なら3,000冊、氏名・住所・生年月日といった個人情報なら4万人分が入ってしまうのです。2万人分の顧客名簿の盗み出しなんて、USBメモリーにさっとコピーしてポケットに入れ、すました顔で会社を出れば完了です。物理的に持ち出さなくても、メールで送ることや、クラウドに上げることだってできます。

　人の意識はどうしても物の大きさ、重さに影響されるように思います。今の世の中では、名簿盗み出しの「罪の意識」も、段ボール3箱分の大きさと重さから、USBメモリーの小ささと軽さになってしまったのではないでしょうか。それなのに、その中に入っている「顧客情報」は、個人の買物傾向、趣味などまで、かつてとは比べものにならないほど、中身が濃く豊かになっています。

　報道で顧客情報流出のニュースに触れるたびに、30年以上前の顧客名簿持ち出し事件を複雑な気持ちで思い出します。

Unit 6

あなたと社会とコンプライアンス

「これ、原材料名に『卵』って書いてある？」
「うーん…。インクが薄いし、字もちょっと小さいし、読めないよ」

　せっかく表示があっても、消費者が読めなければ何にもなりません。
　企業は、消費者に商品やサービスを提供して事業を展開していますので、消費者の信頼なしには存続していけません。企業が消費者の信頼を獲得するためには、「安全な商品・サービス」を開発して提供することが鉄則です。そのことが消費者の期待に応えることであり、「消費者コンプライアンス」の基本中の基本です。
　また、消費者は「社会」を形作っています。社会は商品・サービスばかりではなく、人権・環境・雇用などの問題に企業がどう応えているか、その姿勢をみつめています。企業はこうした社会の期待にも応えて、誠実な努力を続けていくことが必要です。それが「社会コンプライアンス」です。
　Unit 6では消費者コンプライアンス、社会コンプライアンスの具体的な中身と、対応の仕方を学びます。

Chapter 1
消費者を守る「設計」「製造」「指示・警告表示」
～安全な商品・サービスを届ける～

　「消費者コンプライアンス」の基本は消費者に安全な商品・サービスを届けることです。商品の中でも「製造物」（その意味は下に述べます）に関する「製造物責任法」は、商品の設計、製造、指示・警告表示と3つの段階で商品の安全性を確保することを求めています。この考え方はソフトウェアのように形のない商品やサービスなどの分野でも、消費者の安全を守る上で参考になります。ここではあなたが「設計」「製造」「指示・警告表示」の3つの段階でなすべきことと、その具体例を学びます。

1-1　製造物責任法は安全確保の指針

◎製造物責任法の概要

　商品・サービスを開発して消費者に提供するときは「安全性」が確保されていることが必要です。「安全」は消費者コンプライアンスの基本です。

　「商品」とは「およそ売るためのもの」という広い意味で、物的な形のないソフトウェアや社債・保険などまで含む概念です。そうした商品の中でも、「製造・加工された動産」は「製造物」と呼ばれ、製造物責任法（PL法）が適用されます。製造物責任法は、製造物に「欠陥」があり、そのことが原因で人の生命・身体・財産に損害が生じたときは、その製造物を「製造・加工・輸入した者」（製造業者等）に対して厳しい賠償責任を負わせています。

　「厳しい」というのは、他人の権利・利益を侵害した場合に一般に適用される民法の「不法行為」では、賠償責任を追及するためには、行為者に「過失」（ミス）があったことを被害者が証明する必要があるのですが、製造物責任法はその例外として、製造物に「欠陥」があったと証明できれば、過失の証明は不要としているからです。たとえば、欠陥品でケガをした消費者がメーカーを訴えようとしても、メーカー内の設計・製造の段階でミスがあったと証明することは困難で

動産：現金、商品、家財など「不動産」以外の財物。なお、不動産とは、土地およびその定着物である建物・立木など。

製造物責任法（PL法）：製造物の欠陥が原因で人の生命、身体、財産に被害が生じたときにその製造物の製造業者等に損害賠償責任を課する法律。PLはproduct liability（製造物責任）の略。

す。そこで製造物責任法は製造物に客観的に「欠陥」があったことをもって「過失」と同等に扱うとしたのです。

一般にメーカーと呼ばれる「製造・加工した者」に加えて、「輸入した者」も責任を負うとされた理由は、日本国内にはなかったリスクを持ち込んだ点で製造・加工した者と同じだと考えられたからです。

◎製造物責任法が適用される範囲

製造物責任法が適用される「動産」は大量に製造・加工された「有体物」（形のある物）を対象としているので、ソフトウェアには適用されません。しかし、ソフトウェアが組み込まれた電気製品・機械などは製造物として製造物責任法が適用されます。ソフトウェアの不具合で製品が制御できず、事故が起きれば製造物責任法の問題となります。

製造物責任法は動産を対象としているので、土地・建物などの不動産には適用されません。窓ガラス、アルミサッシ、ドア、壁紙などは家屋という不動産に組み込まれますが、製造物責任は「引き渡したとき」から生じますので、出荷した時点で欠陥があれば個別に製造物責任法が適用されます。他方、未加工の農林畜水産物は、動産ではありますが、自然の力で生み出された物なので、製造物責任法は適用されません。

◎表示者にも製造物責任法が適用される

製造物責任法の大きな特徴は、製造物に自ら「製造業者」として氏名、商号、商標その他の表示をした者は、製造業者等と同様に製造物責任を負わされることです。たとえば、「製造元○○」といった表示です。自らメーカーだと名乗った以上は責任を取るべきだということです。また、「製造業者」であると誤認させるような氏名、商号、商標その他の表示をした者も同様です。製造物に「○○社」と社名・ブランドなどを表示している場合です。誤認させた責任ということです。

さらに、表示その他から総合的に見て、実質的に製造業者だと社会的に思われる場合も製造物責任を負わされます。有名量販店が自社ブランド名を付けて他社が製造した物を販売している場合で、消費者が「有名量販店が企画、製造している」と思っても当然であるような場合に問題となります。

Unit 6-Chapter 1 消費者を守る「設計」「製造」「指示・警告表示」

あなたが、製品の表示を担当するとき、社名やブランドを表示すると、そのことで製造物責任が浮上してくる場合があることに十分、留意しておく必要があります。

◎「欠陥」は3種類ある

製造物責任法は欠陥のある製造物に適用されます。この「欠陥」とは「その製造物が通常有すべき安全性を欠いていること」と定義されています。

欠陥には、「設計上の欠陥」「製造上の欠陥」「指示・警告上の欠陥」と、3種類の欠陥があります。

図6-1　製造物責任法における「3種類の欠陥」

分類	内容	具体例
設計上の欠陥	製造物の設計段階で安全性への配慮が不十分だった	・安全装置を付けなかった 　（例：放置すると自動的に電源が切れる安全設計になっていない） ・強度不足の構造設計 　（例：椅子の脚の素材が弱くて折れた） ・日用品の素材が危険 　（例：家庭用食品ラップのカッターが鋭利な金属）
製造上の欠陥	製造工程で設計・仕様どおりに作られずに製造物に不具合が生じた	・異物が混入した 　（例：食品に金属片が混入） ・製造ライン手順にミスがあった 　（例：工程を間違えた） ・数値設定にミスがあった 　（例：設定温度を間違えた）
指示・警告上の欠陥	設計で除去しきれない危険性が残っているとき消費者に事故防止・回避に必要な情報を与えなかった	・製品の説明書で「危険性」の警告が不十分 　（例：医薬品の添付文書で「副作用」が記載されていない） ・危険性の防止・回避をするため消費者が何をしたらよいかの説明が不十分・わかりにくい 　（例：「顔から離してお使いください」と書いてあるが、何cm離すか書いていない）

◎「製造・加工された動産」以外の商品・サービスの指針として活用する

　３種類の欠陥があるという考え方は、製造物責任法の適用を受けない商品・サービス一般についても大いに参考になります。たとえば、ソフトウェアでも仕様記述（＝設計）、コードの作成（＝製造）、取扱説明書作成（＝指示・警告表示）の３つのプロセス、それぞれにおいて安全性を確保する必要があります。

　不動産である建物でも同様です。設計段階で耐震性、耐火性、強度などに最大限の注意を払うこと、建築（製造）段階でも適切な建材を使うこと、工事をしっかりと監理すること、販売する段階でも購入者に必要な注意を行うことなど、「３種類の欠陥」の考え方がそのまま応用できます。

◎時効

　製造物責任は、被害者や法定代理人（父母など）が損害および賠償義務者を知ったときから３年、商品の引き渡しが行われてから10年で時効により消滅します。ただし、人の生命・身体を侵害した場合の時効は、損害および賠償義務者を知ったときから５年です。

1-2 安全な商品設計をする

◎設計は消費者・ユーザーの身になって行う

　製造物を含め、商品を設計するときは安全性の確保に最大限の注意を払うべきです。中でも大切なのは、その商品を消費者が使うとき、普通はどうやって使うのかを予測し、その使い方が安全かどうかという視点で設計することです。この点について製造物責任法は、その製造物が「通常予見される使用形態」を考慮して安全性を欠いていることが「欠陥」である、と表現しています。この考え方は商品一般の設計で参考にすべきです。

　実例として、７歳程度の児童を対象とする、球形カプセル入り玩具を６歳11カ月の児童が買って玩具をカプセルから取り出したところ、そのカプセルを２歳10カ月の弟が飲み込んで窒息し、後遺障害が残った事案があります。裁判所は、玩具を取り出したあとのカプセルそれ自体が玩具として使われること、それを７歳以下の幼児が手にすることは、通常予見される使用形態であったとして、設計上の欠陥があったと認定しています（「玩具入りカプセル事件」鹿児島地判平成20年５月20日）。

裁判所は３歳前後の男児の口の大きさが平均36〜39㎜であること、カプセルが40㎜であることをきめ細かく確認しています。この事例から、設計者は、商品がどのような人に、どのように使われるのかについて想像力を働かせ、リスクを予想して設計することが大切であることがわかります。

◎最新の技術で安全性を確認する

設計者は、常に「最新・最高の技術」を使って商品の安全性を確認することが求められます。製造物責任法は商品引き渡し時の技術では欠陥があると認識できなかったときは、賠償責任は生じないと規定しています。この「商品引き渡し時の技術」とは、当時、客観的に社会に存在した技術すべてをいうとされています。商品を引き渡すまでは、最新・最高の技術を活用して危険性をチェックする必要があるのです。

1-3 製造工程での安全性確保を徹底する

設計で安全性を確保できたとしても、異物混入、製造ミスによる不具合品発生など、製造工程で危険性が発生することもあり得ます。製造工程の途中で検査を怠ってしまい、当該ロット全部をリコール（商品の回収、無償修理）した事例もあります。製造工程でどんなことが起きているのかについては、消費者側では把握できません。そこで、仮に裁判になると、実際上は、製造工程で問題は起きなかったことを製造事業者側が証明することになります。

それには大変な努力が必要です。たとえば「食品に虫が混入した」という事案であれば、防虫ネット、エアカーテン、人の出入りの管理、従業員による目視検査、監視カメラによる観察状況などを製造事業者が説明する必要があります。

実例として、ハンバーガーショップでジュースを飲んだ消費者が喉にケガをした事案があります。異物そのものは発見されませんでしたが、裁判所は、ショップの製造工程は、製造元から受け取ったコンクジュース（濃縮ジュース）に水を加えてコップに注ぐという工程であること、すべて人手で行われていること、消費者が喉にケガをしたのは事実であることから、異物が入っていたと認められるとして、製造上の欠陥があったと結論づけています（「ジュース異物事件」名古屋地判平成11年６月30日）。

こうしたことから、製造工程での安全性確保を徹底することが必要なのです。

1-4 「指示・警告表示」を実効的に行う

　設計上、そして製造工程で懸命に安全対策を行っていても、やむなく安全確保に課題が残った場合は、消費者・エンドユーザーに対して、パッケージや取扱説明書などで危険性を伝え、「火のそばに置かないでください」など、危険を回避するような要請を表示する必要があります。この表示を欠いていると「指示・警告表示の欠陥」とされます。

　実例として、給食用の強化耐熱ガラス食器（コレール）が落ちて割れ、破片で小学生が目に受傷した事案で、裁判所は、コレールは2種類のガラスを合わせた積層強化ガラスで割れにくいが、いったん割れた場合は積層であるため、破片が激しく飛び散る性質がある、それなのに取扱説明書には一般的なガラス程度の危険性と認識させる表示しかなかった、これでは消費者に危険性を十分に伝えられないとして、「表示上の欠陥があった」としたケースがあります（「給食食器破片受傷事件」奈良地判平成15年10月8日）。

　あなたが開発担当者として「指示・警告表示」を付けようとしているときに、営業担当者から「あまり縁起でもない表示はやめてほしい。印象が悪くて販売に影響する」と苦情が出るようなことがあるかもしれません。それでも消費者・エンドユーザーの安全を最優先に考え、「指示・警告表示」の重要性を説明して、表示をするよう努力してください。

1-5 安全性に問題が生じたら適正に「リコール」を行う

◎リコールの実施

　万一、商品設計上のミス、製造工程での製造不良・異物混入、指示・警告表示のミスなど、商品の「欠陥」が明らかとなったときは、迅速にリコールを行うべきです。「欠陥商品」は、消費者がすでに購入して自宅に保管しているかもしれませんし、まだ小売店・卸売店にあるかもしれません。商品がどこにあるとしても、「今、この瞬間に消費者が欠陥品を使ったり、食べたりしている可能性がある」という危機感をもってリコールを実践することが必要です。的確、迅速にリコールを行うことは、「消費者コンプライアンス」の実践です。

　リコールは、消費者への警告、専用の電話照会センターの設置、修理・回収の実施、被害者への謝罪、損害賠償といった流れで行います。消費者への警告は、

商品が全国に出回っているなら、全国紙やテレビ放送で一斉に行います。卸売店や大型販売店がわかっているなら、個別に連絡します。

◎消費生活用製品安全法に基づく対応

商品のうち、「消費生活用製品」（消費者の生活のために使われる製品）については、消費生活用製品安全法により、国が消費者を守るための制度が定められています。

消費者を守るための制度の主要なものとしては、

①乗車用ヘルメット、石油ストーブなど特に危険性が大きいと思われる「特定製品」については、製造・輸入・販売業者に対して事前に自主検査を行い、国に届け出てPSCマークを付けなければならないこと、

②特定製品やその他の消費生活用製品によって消費者に生命・身体の危害が発生するおそれがあると認められるときは、国が、製造・輸入・販売業者に対して「回収」（リコール）など必要な措置を命じることができること、

③「重大製品事故」が起きたときは、事故を知ってから10日以内に国に報告する義務があること、

などを規定しています。

リコールの迅速な判断と実施、重大事故が起きたときの的確な報告が求められています。

PSCマーク：国の定めた技術上の基準に適合していることを示す表示。
重大製品事故：死亡、治療30日以上の重傷病、後遺障害、一酸化炭素中毒、火災が発生した製品事故。

Chapter 1 まとめ

☑ 消費者に安全な商品を届けるためには、
① 設計
② 製造
③ 指示・警告表示
の３つの方向からの安全性を確保することが必要である

☑ ３つの方向からの安全性確保は、製造物責任法の適用がないサービス、ソフトウェア商品、建物などでも参考になる

☑ 商品に欠陥があるとわかったら迅速にリコールを行うべきである

☑ 消費者の生活に使われる製品について「重大製品事故」が起きたときは、事故を知ってから10日以内に国に報告する義務がある

Unit 6-Chapter 1　消費者を守る「設計」「製造」「指示・警告表示」

Chapter 2
適正な表示
～消費者を惑わせない～

　商品の安全性は確保されたとしても、実際に商品を販売する段階で、消費者を惑わせるような表示をすることは禁じられています。商品説明書、取扱説明書、パッケージや本体の表示など、商品に関するあらゆる表示を適正に行って、消費者の信頼を得ることが大切です。

2-1　「誤認表示」の禁止

　商品・サービス自体や、その広告・取引関係書類・通信で、商品・サービスの、品質・内容・製造方法・用途・数量について、消費者に誤認させるような表示をすることは「誤認表示」として、不正競争防止法で禁じられています。商品の場合は「原産地を誤認させる表示」も同様に禁止されています。こうした行為で被害を受けた個人や事業者は損害賠償請求をすることができ、被害を受けたとき、受けそうなときは差止請求をすることができます。さらに違反した者には刑事罰（5年以下の懲役もしくは500万円以下の罰金、またはその両方）、法人には3億円以下の罰金が科されます。

　商品の「原産地」に関する誤認表示の実例として、中国製のカバンに「MANHATTAN PASSAGE」「NEWYORK CITY, N.Y., U.S.A.」と記載したことが、原産地を誤認させる表示だと判断されたケースがあります（「中国製カバン事件」大阪地判平成12年11月9日）。

　また、商品の「内容」に関する実例として、実際は牛肉に豚肉や鶏肉などを加えているのに、「十勝産牛バラ挽肉6㎜挽」などと印刷されたシールを貼付して、牛肉だけが原料であるかのような表示をしていた事案で、不正競争防止法違反に該当するとして、有罪とされたケースがあります（「ミンチ牛肉事件」Unit 4の2-2参照）。

2-2 景品表示法による表示の規制

◎景品表示法による規制の概要

消費者の商品・サービス選択の合理的な判断を惑わせて、不当に顧客を誘引しようとする表示は「景品表示法」によって禁止されています。違反行為者に対しては消費者庁から差止めや再発防止に必要な措置が命じられ（措置命令）、行為期間の売上の3％で計算された課徴金の支払いが命じられます。

◎景品表示法による規制①　——自社品質の優良誤認表示

消費者は、適切な情報を与えられた上で自主的、かつ合理的に商品・サービスを選ぶ権利をもっています。その選択を間違わせる表示は許されるべきではありません。こうした考え方から、商品・サービスの品質について、実際の「自社の」ものより著しく優良であると示す表示は禁止されます（自社品質の優良誤認表示）。実例として、自動車メーカーが自社の自動車について、実際よりも燃費が良いようにカタログやウェブサイトに記載していたことが自社品質の優良誤認表示に該当するとして課徴金4億8,507万円の支払いを命じられたケースがあります（「燃費不正事件」消費者庁命令平成29年1月27日）。また、チラシやウェブサイトに自社サプリメントを摂取するだけで痩身効果が得られるかのように示す表示をし、課徴金2億4,988万円の支払いを命じられた例もあります（「サプリメント表示事件」消費者庁命令令和2年3月17日）。

◎景品表示法による規制②　——他社品質比較の優良誤認表示

また、事実に反して品質が「他社の」同種のものより著しく優良であるとする表示も禁止対象です（他社品質比較の優良誤認表示）。実際は業界ではありふれた技術であるのに、「業界で唯一の製法です」と表示するような例です。

◎景品表示法による規制③　——取引条件の有利誤認表示

商品・サービスの取引条件（価格・数量など）について、実際の自社のものや、同業者のものより著しく有利であると消費者に誤認される表示も禁止されています（取引条件の有利誤認表示）。

その他、同法に基づいて内閣総理大臣が「不当な表示」として指定するものが

あります。①無果汁清涼飲料水、②商品の原産国、③消費者信用の融資費用、④不動産のおとり広告、⑤商品・サービスに関するおとり広告、⑥有料老人ホームなどに関する不当な表示が指定されています。たとえば、無果汁清涼飲料水については、果汁等がまったく使用されていないと明瞭に記載しなければならないなど、具体的な規制がなされています。

2-3 「フリーライド表示」禁止の原則

他人、他社の著名な「商品等表示」（氏名、商号、商標、標章、商品の容器や包装、形態）を、「不正の目的」（フリーライド目的）で使用する行為をした者については、不正競争防止法で刑事罰（5年以下の懲役もしくは500万円以下の罰金、またはその両方）、法人には3億円以下の罰金が科されます。世界的に有名な化粧品のブランド名をちゃっかりと自分のお店の名前に借用するような事例です。化粧品会社が多額の資金と企業努力を注ぎ込んで有名ブランドにまで成長させているのに、自分はそうした努力もなしに店の名前に使って顧客を呼ぼうというのですから、まさにフリーライド、「ただ乗り」です。「商品等表示」が著名とまではいえず有名（その地方で知られている）という程度であっても、不正の目的があって現に誤認混同が起きているときは、同様の刑事罰が科されます。

2-4 食品表示法による規制

◎食品表示法の概要

食品に関する表示については「食品表示法」で規制されています。同法に基づいて定められている「食品表示基準」に従った「表示」をしていない食品、酒類の販売は禁じられています。違反があれば担当大臣から表示を行うように「指示」が出され、それでも指示に従わないときは、従うように「命令」が出されます。この命令にも従わないと1年以下の懲役もしくは100万円以下の罰金が科されます。法人の代表者が関与していたときは、法人にも1億円以下の罰金が科されます。

表示の中でも、「アレルゲン」や「消費期限」についての表示、安全摂取のためには「加熱を要するか」の表示など、重要事項について表示がないと、消費者の生命・身体に対する危害のおそれが出てくるため、内閣総理大臣は食品の回収（リコール）など、緊急措置をとることを命ずるか、業務の停止を命ずることがで

おとり広告：商品・サービスが実際には存在しない、または売る気がないにもかかわらず、購入できるかのような表示をした広告。
アレルゲン：アレルギーを引き起こす原因となる物質。

食物性アレルゲンは、卵、ミルク、小麦、そば、エビ、カニ、ピーナッツなど。
消費期限：安全性を欠くおそれのない期限のこと。

きます。

◎規制は食品ごとになされている

食品表示基準は「加工食品」「生鮮食品」など一般的な食品のほかに、「機能性表示食品」「栄養機能食品」「特定保健用食品」など、タイプごとに表示のルールを定めています。

図6-2　機能性が表示されている食品（保健機能食品）

種別	説明
機能性表示食品	事業者の責任において科学的根拠に基づく機能性を表示した食品。販売前に消費者庁長官に届け出れば、審査や許可を受けることなく表示できる
栄養機能食品	特定の栄養成分の補給のための食品で、科学的根拠が確認された栄養成分を基準以上含んでいれば、届出等をせずに国が定めた表現によって機能性の表示を行うことができる
特定保健用食品（トクホ）	特定の保健の目的が期待できるとして効果や安全性について国が審査を行い、消費者庁長官が機能性の表示を許可した食品

◎食品表示の大原則は「読みやすく、理解しやすく」

食品表示基準は表示の「方法」について「購入者、使用者が読みやすく、理解しやすいような用語により正確に行う」という大原則を定めています。文字の大きさも具体的に定められています。ただし、印字の方法までは定められていません。

あなたが表示の担当者であったら、たとえばアレルゲンの表示をするとき、アレルギー体質の人が、店頭で商品を手に取って、「卵」が入っていないか、原材料表示を必死に読もうとしている姿を想像してみてください。陳列棚で一定期間、日光にさらされると、インクや紙によっては変色して表示が読めなくなるリスクがあるかもしれません。ラベルの性質によってははがれてしまうおそれもあります。「読みやすく」を考えれば、字だって基準より大きくてよいのです。消費者の安全に対するそうした細かな配慮が、消費者コンプライアンスです。

Unit 6-Chapter 2　適正な表示　　155

2-5 未承認医薬品には「効能・効果」を表示してはいけない

　「健康食品」として販売されている食品のほか、機能性表示食品、栄養機能食品、特定保健用食品なども含めて、「広い意味の健康食品」ということができます。広い意味の健康食品に、医薬品としての「効能・効果」があるかのように受け止められる表示をすることは、医薬品医療機器等法で禁止されています。効能・効果があると広告することで「医薬品の広告」とみなされ、医薬品として承認されていない商品に関してはそのような広告をしてはいけないというルールが適用されます。

　たとえば、「ガンに効く」「高血圧の改善」「動脈硬化を防ぐ」「視力が気になる方に」などは、効能・効果を示す表示です。

図6-3　健康食品と医薬品

筆者注：医薬部外品とは、医薬品と化粧品の中間的なもの。一部ビタミン剤、殺虫剤など。
出典：厚生労働省「健康食品」のホームページの図に一部加筆　(https://www.mhlw.go.jp/stf/seisakunitsuite/bunya/kenkou_iryou/shokuhin/hokenkinou/index.html)

Chapter 2　まとめ

- ☑ 品質や取引条件などについて消費者を惑わせる誤認表示をしてはならない
- ☑ 食品に関する表示の規制は「食品表示基準」によってなされている
- ☑ 医薬品として承認されていない商品には効能・効果を表示してはならない

Chapter 3

公正な営業活動

～消費者を困らせない～

　商品・サービスを消費者に販売する段階では、「売込み」に力が入って行きすぎになることが考えられます。販売の段階では「公正な営業活動」を厳守して消費者を守るべきです。そのことが消費者、社会からの信頼につながり、企業価値の向上に結びつきます。

　ここでは、行きすぎた営業行為を規制して消費者を守るための法律である「消費者契約法」と、営業活動の中でも、訪問販売、通信販売、電話勧誘販売を対象に別途定められた「特定商取引法」について取り上げます。あなたが消費者に商品・サービスを販売するときは、常に消費者の身になって公正な営業活動を行うことを大前提にしましょう。

3-1　営業活動の「公正さ」を求めて

◎消費者契約法の概要

　事業者が商品・サービスについて消費者と結ぶ契約を「消費者契約」といいます。商品・サービスの売込み営業では、担当者が消費者に「買ってほしい」の一心で、ときとして、行きすぎを起こすことが考えられます。そのような事態を防止するために定められたのが「消費者契約法」です。

　この法律は、
① 営業担当者などの行為で消費者が誤認させられたり、困惑させられたりして、その結果消費者契約の申込みや承諾を行ったのであれば、その契約を取り消せること（<u>取消し</u>）、
② 契約書の中で消費者に不当に不利な条項があれば、それを無効とすること（<u>無効</u>）、
③ 消費者の被害発生や拡大を防止するために、「<u>適格消費者団体</u>」が事業者に対して差止請求ができること（<u>差止め</u>）、
を内容としています。

適格消費者団体：消費者のために事業者の不当な行為に対して差止請求をするのにふさわしいとして内閣総理大臣の認定を受けた団体。

◎「取消し」の対象となる行為

　「取消し」の対象となる営業行為として以下の行為が列挙されています。「取消し」というのは、消費者が「この契約は取り消します」と意思を表示すれば、契約がはじめからなかったことになるという意味です。あなたが営業を担当するときは、そんな事態にならないよう、十分注意しましょう。

①「不実告知」

　重要な事実について事実と異なることを告げることです。

　実例として、建物の売買契約を締結する際、購入者が「耐震対策は大丈夫か」と尋ねたのに対して、不動産販売の担当者が、実際はリフォーム工事で建物は基礎と土台の一体性がなくなり危険な状態にあったのに、「しっかりと耐震補強している」と回答したことが、「不実告知」になるとされた事案があります（「中古住宅売買事件」名古屋地判平成28年12月20日）。

②「過量契約」

　たとえば、あまり外出せず、日常的に着物を着ることがない高齢者に対し、多すぎるとわかっていながら勧誘して着物を何十着も販売するなど、**購入者にとって通常の量を著しく超える物の契約をさせた場合**です。

③「断定的判断の提供」

　不確実な事項について断定的な判断を提供することです。

　たとえば、証券会社の担当者が、顧客にある銘柄への投資の勧誘をするときに「必ず200円は株価が上がります」といえば、断定的判断の提供に該当します。株価が上昇するかどうかは不確実な事柄だからです。

④「不利益事実の不告知」

　消費者の不利益になる事実を、故意・重過失によって告げないことです。

　たとえば、不動産を販売するときに、販売担当者が、隣接地に高層マンションが建つ計画があり、そうなれば日陰になることを知っていて購入者に告げなかったとしたら、不利益事実の不告知になります。

⑤「不退去」「退去妨害」

　営業担当者が消費者の家などで売込みをしているときに、**消費者から退去してくれるように求めたのに退去せず、消費者が困惑している状況で行った売買契約は取り消すことができます**（不退去）。事業者の事務所で売込みをしているときに、**消費者が帰りたいといっても返さないのも同様**で、取消しの対象になり

重過失：著しい落度のある過失のこと

ます（退去妨害）。

図6-4　退去妨害

⑥消費者の弱みに付け込む営業活動
- 社会経験の乏しい消費者が、進学・就職など不安を抱えている状況に乗じて締結された消費者契約、
- 消費者が営業担当者に好意を抱いている状況を利用して締結された消費者契約、
- 高齢者・障がい者など判断力が低下して不安を抱えている状況に乗じて締結された消費者契約、

は、それぞれ取消しの対象になります。

　また、霊感その他の合理的に実証されない知見で、消費者にこのままでは不利益な事態が起きると不安をあおる売込み営業で締結された消費者契約も取消しの対象です。

　まだ消費者契約が成立していないのに、成立したことを前提として商品を切り分けるなど契約の一部を実施してしまい、消費者を困惑させて締結された消費者契約も取消しの対象となります。

3-2　特定商取引法によって規制される営業方法

◎特定の営業方法について法規制がなされている趣旨

　訪問販売や電話勧誘販売のように、消費者が自分から買物に行こうと思って

いないのに事業者の営業担当者が突然売込み営業をかけてくる営業方法があります。このような営業方法に遭うと、消費者は心の準備ができていないのでオロオロしたまま申し込んだり、契約してしまったりする可能性があります。そうした状況から消費者を守るための法律が「特定商取引法」です。

特定商取引法が規制する営業方法は次のとおりです。

図6-5　特定商取引法が規制する対象

①訪問販売

事業者の営業担当者が消費者の自宅を訪問するなど、事業者の事務所以外の場所で、商品や特定権利（スポーツジムの利用権、株式、社債など）の販売、またはサービスを提供する契約をする方法。消費者を呼び止めて事務所に同行させるキャッチセールスも含まれる

②通信販売

事業者が新聞、雑誌、インターネットなどで広告し、郵便、電話などの通信手段で申込みを受ける方法

③電話勧誘販売

事業者が電話で勧誘して申込みを受ける方法

④その他規制されている特定の営業方法

・連鎖販売取引（マルチ商法）
・特定継続的役務提供（エステティックサロン、語学教室などの長期契約を高額で結ぶもの）
・業務提供誘引販売取引（「有利で高収入」などと広告する内職、モニター商法）
・訪問購入（消費者の自宅を訪問してリサイクル品や貴金属などの購入を行う）

◎消費者を守るための行政上の制度

消費者を守るために、特定商取引法は、事業者に対して、
①氏名・社名や勧誘目的を明示する義務、
②「買う気はありません」と意思表示した消費者に対する勧誘の禁止、
③承諾していない消費者に対する電子メールやファクシミリ送信の禁止、
④消費者がどんな申込み、契約をしたのかがわかる書面（申込書面、契約書面）の

交付義務、

などを負わせています。

事業者がこれらの規制に違反しているときは、消費者庁は、違反行為の是正措置や、必要に応じて業務の停止、禁止を命ずることができます。

訪問販売で消費者庁から業務停止命令を受けた実例として、寝具の販売で、電気毛布の点検にきたような口ぶりで、販売の勧誘とは明示せず、最後に「僕たちも販売とかもしてますから」などといって販売契約を締結させた事案が、勧誘目的の明示義務に反すると判断されています（「寝具販売事件」消費者庁命令令和2年7月31日）。

◎消費者がとれる手段①　——クーリングオフ

訪問販売、電話勧誘販売では消費者は、いったん契約の申込みや契約締結をした場合でも、申込書面・契約書面を受け取った日を含めて8日以内であれば、書面により無条件で申込みの撤回や契約の解除ができます。通信販売の場合は商品を受領した日を含めて8日以内です。連鎖販売取引（マルチ商法）、業務提供誘引販売取引（モニター商法）の場合は、契約内容に関する書面を受け取った日を含めて20日以内です。この制度を「クーリングオフ」といいます。消費者が突然の営業を受けて混乱した状態から冷静になるまでの期間を確保するためです。

なお、これらの契約（通信販売・訪問購入を除く）を結ぶにあたって事業者が消費者に、商品・サービスの性能・品質・価格・支払い方法などについて事実と相違することを伝えていたり、事実を伝えていなかったりしたときは、消費者は契約の申込みや承諾を取り消すことができます。取消権は取り消せるとわかってから1年、申込み・承諾のときから5年経つと時効で消滅します。

長期間にわたって消費者から取消しをされる可能性があるような不安定な状態にしないためにも、誠実な営業活動を行うべきです。

◎消費者がとれる手段②　——損害賠償の限定

消費者は、クーリングオフなどで契約を解除したとき、たとえ違約金の定めがあったとしても、商品返還などに要する合理的な金額の範囲で賠償をすれば足りるとされています。消費者はこの制度によって自分の賠償額を限定できます。

図6-6 消費者保護のための特定商取引に係る規定

特定商取引	勧誘者等の氏名の明示義務	書面交付義務	クーリングオフ期間
訪問販売	明示義務あり	契約の申込みを受けたとき、または、契約を締結したときに、直ちに交付する義務あり	8日
通信販売	広告に事業者の名称、住所等、また、代表者もしくは責任者の氏名を表示する義務あり	書面に記載する内容を広告において表示する義務あり	8日
電話勧誘販売	電話で伝える義務あり	契約の申込みを受けたとき、または、契約を締結したときに、遅滞なく書面を交付する義務あり	8日
連鎖販売取引	明示義務あり（統括者、勧誘者、一般連鎖販売者をも明示）	遅滞なく交付する義務あり	20日
特定継続的役務提供	なし	遅滞なく交付する義務あり	8日
業務提供誘引販売取引	明示義務あり	遅滞なく交付する義務あり	20日

3-3 営業活動と景品

　営業活動の一環として消費者を勧誘するために景品（おまけ）を付ける方法があります。しかし、消費者が、商品本体よりも景品が欲しくて商品を買うようになると、商品自体の品質と価格で競争を行うという本筋から離れてしまいます。そこで、「景品表示法」は行きすぎた景品を規制しています。

　景品とは「顧客を誘引するための手段として、事業者が、自分が供給する商品・サービスの取引に付随して消費者に提供する物品、金銭、その他の経済的利益」と定義されています。すべての商品・サービスに付ける景品を「総付け景品」

といいます。総付け景品は、商品価格が1,000円未満の場合は200円まで、1,000円以上の場合は価格の10分の2までとすることが定められています（「一般消費者に対する景品類の提供に関する事項の制限」昭和52年公正取引委員会告示第5号）。

違反行為に対しては消費者庁から措置命令が下され、課徴金の支払いが命じられる可能性もあります。

営業活動が過熱すると規制以上の景品を付ける企画が上がってくる可能性もありますので、十分な注意が必要です。景品による売上向上は一時のものであり、やはり商品の品質と価格で正面から勝負すべきです。

Chapter 3　まとめ

☑ 営業活動の公正さを守るために消費者契約法が定められている

☑ 消費者契約法は、①売込み営業によって消費者が困惑させられて行った申込み、契約は取り消せること、②消費者に不利な契約条項は無効とされること、③消費者の被害発生や拡大を防ぐために適格消費者団体が差止請求ができることを定めている

☑ 消費者契約法によって取消し対象となるのは、①不実告知、②過量契約、③断定的判断の提供、④不利益事実の不告知、⑤不退去・退去妨害、⑥その他、消費者の弱みに付け込むような売込み営業による申込みや契約である

☑ 特定商取引法は、訪問販売、通信販売、電話勧誘販売など、特定の商取引形態を取り締まる法律である

☑ 景品表示法は行きすぎた景品を規制しており、すべての商品に付ける「総付け景品」には、最高額の限定がある

Unit 6-Chapter 3　公正な営業活動　　163

Chapter 4
社会貢献と企業価値の向上

　企業は、消費者、従業員、株主の期待に応えることに加えて、社会の期待にも応えていく必要があります。企業は積極的に社会に貢献することで、社会からの信頼と支持を得て、しっかりとした「企業価値」を築くことができます。ここでは企業、そしてあなたをはじめそこで働く人々が社会の期待に応えるためには、どのように活動をしていけば良いのかについて考えます。

4-1　インサイダー取引の規制

◎インサイダー取引の規制

　あなたの働いている会社が株式を「上場」しているとすれば、証券マーケットが公正に運営されているかどうかにも関心をもっていただけると思います。マーケットで変な情報に振り回されるなどして会社の株価が乱高下するようなことがあれば、会社は適正に株式を発行して資金調達することも難しくなります。

　その証券マーケットで最大の問題とされるのがインサイダー取引です。「インサイダー取引」とは、上場企業の関係者（インサイダー）が、その会社の株価が動くような重要情報（インサイダー情報）を使って、その会社の株を取引することです。典型例は、他社との業務提携計画を担当している従業員が、「提携が発表されれば株価がはね上がるだろう」と予測して自社株を買っておき、発表後に値上がりしてから売ってもうける、というものです。

　インサイダー取引は金融商品取引法で禁止されており、違反者には5年以下の懲役もしくは500万円以下の罰金、またはその両方が科されます。インサイダー取引によって得られた利益は没収されます。企業が「法人」として違反行為を行ったときは5億円以下の罰金が科されます。刑事罰を科するほど情状が重くないときは課徴金の納付が命じられます。

上場：有価証券が市場で売買されるよう証券取引所に登録すること。上場するには、証券取引所が定める上場審査基準に適合する必要がある。

金融商品取引法：株式、社債（企業が購入者からの借入の証明として発行する債券）、国債（国が国民からの借入の証明として発行する債券）などを取引する「証券マーケット」の運営が、適正に行われるように規制する法律。

◎「インサイダー情報伝達」「インサイダー取引推奨」の禁止

インサイダーが友達などにもうけさせよう、または損を免れさせようと思ってインサイダー情報を伝える行為や、インサイダー取引をさせようとする行為は、金融商品取引法で禁止されており、インサイダー取引同様の刑罰が科されます。

もちろん、インサイダーから情報を伝達された者も「情報受領者」として、インサイダーと同様に株取引を規制されます。また、「とにかく買っておいたほうがよい」と推奨を受けた人が株取引をしても、インサイダー情報は知らないので罪にはなりませんが、勧めた人は罪に問われます。

◎インサイダー取引は「社会の敵」

インサイダー取引が禁止されるのは証券マーケットでの「詐欺的な行為」だからです。証券マーケットの大原則として、マーケットに参加している投資家は、平等に与えられた企業情報を、それぞれが検討、吟味して売買するというルールがあります。「平等に与えられた企業情報」とは金融商品取引法による「有価証券報告書」「半期報告書」「四半期報告書」、証券取引所の要請による「決算短信」など定期的な情報開示で得られる公開情報です。こうした情報開示の合間に重要な出来事が発生したときは、遅滞なく「臨時報告書」で開示することになっています。さらに証券取引所は、重要な出来事が起きたときは直ちに情報開示（適時開示、タイムリー・ディスクロージャー）するように求めています。「直ちに」とは、「すぐに」という意味で、臨時報告書の「遅滞なく」（＝できるだけ早く）よりずっと素早くということです。

ところが、企業の発表が間に合わないうちに、その情報を知っているインサイダーが、「これは株価が動きそうな情報だ！」と判断して証券マーケットを通じて株式を売ったり、買ったりすることがあります。それがインサイダー取引です。その取引の相手方になるのは、株価の動く情報があるとは夢にも知らない善良な投資家です。未発表の情報を知っている者が、まったく知らない投資家相手に取引するのですから、詐欺に等しい行為です。

図6-7 インサイダー取引は詐欺行為

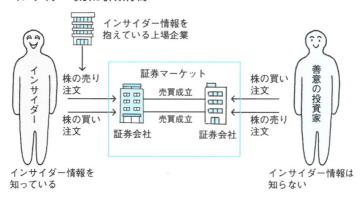

かつてアパレル会社の社長が、自社で巨額の損失が発生して株価暴落の可能性が出てきたとき、その情報を公開せず、自分が持っていた自社株を株価下落の前に売り抜け、利益を得ていた事件がありました（「アパレルインサイダー事件」名古屋地判平成9年9月30日）。このエピソードはインサイダー取引の悪質さを象徴するものです。

重複分を含みますが、日本には5,000万人以上の個人投資家がいます。その大半の人たちが平等な公開情報だけで真剣に株価動向を判断して取引しているのです。インサイダー取引はそうした善良な投資家を欺く行為です。インサイダー取引が横行するようでは、証券マーケットという社会のインフラストラクチャーが壊れてしまいます。「インサイダー取引は社会の敵」とはそういう意味です。

社会に貢献して信頼を得ようとしているあなたの会社や、あなた自身が社会の敵になってはいけません。インサイダー取引については金融商品取引法で細かな事項が定められていますが、あなたとしては、「インサイダー取引の本質は詐欺だ」という基本をしっかりと理解することが大切です。

では、インサイダー問題に巻き込まれないために、どんなことに気をつければ良いか、具体的にみていきましょう。

◎インサイダー問題に巻き込まれないための心得

①インサイダー情報とは「株価が動く情報」

インサイダー情報については法的には難しい定義がなされていますが、一言でいえば「株価が動く情報」です。過去の事例では、巨額損失の発生、欠陥商品の発生、合併、増資、資本提携、子会社解散、民事再生手続きの申請などの情報を使った取引が摘発されています。しかし、これらはあくまで参考です。あなた自身が「これは株価が上がる」「下がる」と感じたとすれば、それはインサイダー情報です。

②インサイダーとは情報特権者

インサイダーとは法的には株式を発行している企業の、役員、従業員、その他の従業者、総株主の議決権の３％以上を有する株主などと定義されています。しかし、インサイダー取引規制の目的からみて、普通の人なら得られないようなインサイダー情報を得られる情報特権者だと考えるべきです。アルバイト、パート社員もインサイダーになり得ます。社内にある情報で株価が動く情報を入手できる立場にあれば、インサイダーとされる可能性が高いのです。

③「職務に関して知った」情報はNG

法律はインサイダー情報を「職務に関して知ったとき」に規制するとしています。先の典型例でいえば「業務提携計画の担当者となったとき」インサイダーになります。ですから、理屈上は会社の情報を、担当業務と関係なく「偶然、小耳にはさんだ」ときは規制対象にならないといえます。とはいっても、あなたが「インサイダー取引をしたのではないか？」と疑いをかけられたとき、「いえ、職務と無関係に偶然、知りました」と説明・立証するのはなかなか困難です。自社株の取引については十分に注意すべきです。

④退職後１年間は規制対象に

退職してから１年間はインサイダー取引の規制を受けます。退職したからといって気が緩んですぐに「元自社」の株取引をしないようにしましょう。

⑤他社株のインサイダー情報をもらったときは株取引をしない

気をつけるべきは、友人などから他社のインサイダー情報をもらったときです。他社のインサイダーからインサイダー情報をもらった人は「情報受領者」ですから、インサイダーと同様に株取引を規制されます。たとえば、お茶の席などで他社の友人から、「今度、ウチの会社が増資するんだよ」という話を聞かされたとしたら、あなたは「情報受領者」です。増資が公表されるまで、その会社の株式を売買してはいけません。また、すでに述べたように友人が、あなたにもう

Unit 6-Chapter 4 社会貢献と企業価値の向上

けさせよう、または損を免れさせようと思って、「ウチの会社が増資するんだよ！」と話すと、友人はインサイダー情報伝達罪になりますし、友人が同じ思いで「ウチの会社の株を買ったほうがいいよ」とあなたにいえば、「増資」について言及していなくても、インサイダー取引の推奨罪になります。いずれの場合も、あなた自身が取引をする、しないにかかわらず、友人は罪に問われるのです。日常会話も怖くなってきますね。

4-2 貿易コンプライアンス

◎世界に目を向けることの大切さ

あなたの働く会社が海外に輸出を行っているとしたら、**輸出している品物（貨物）や技術が武器や軍事に転用可能なものではないか注意する必要があります。**貨物や技術が、安全性を脅かす国、地域やテロリストの手にわたることは避けるべきです。「危険なものを輸出しないでほしい」、それが国際社会の期待です。

日本では今のところテロリストなどの活動はあまりみられません。しかし、世界に目を向けると、日夜、紛争やテロの脅威にさらされ、恐怖におののきながら暮らしている人々が多数いることに気づきます。そうした国や地域、人に、うっかりとでも武器になるようなものや技術を送り出してはいけません。それを「貿易コンプライアンス」ということができます。

◎「安全保障輸出管理制度」の概要

そこで、**武器や軍事転用可能であるような「特定の貨物」を、「特定の地域」を仕向け地として輸出するとき、また、特定の貨物の設計・製造・使用に関する「特定の技術」を特定の国において提供するときは、「外国為替及び外国貿易法」（外為法）の定める手続きに従って、経済産業大臣の許可を得なければならないという規制**がなされています。

これを「**安全保障輸出管理制度**」といいます。許可を得ないで輸出や技術提供を行うと刑事罰が科されます。

ここにいう「特定の貨物」や「特定の技術」に関してはリストが作成されています（輸出貿易管理令別表第1）。そのため「リスト規制」と呼ばれています。規定されている貨物・技術のマトリクス表をみると、武器、原子力、化学兵器、生物兵器、ミサイルなどが掲げられています。これらは常識的に危険だとわかりま

すが、さらに、先端素材、材料加工、エレクトロニクス、電子計算機、通信など、普通の取引で扱われるような商品や技術も挙げられています。

さらに、「**キャッチオール規制**」といって、リストに記載されていないものでも、大量破壊兵器や通常兵器の開発に用いられるおそれがあるものは、「グループA」（米国、英国、EU諸国など）の国・地域を除いて、輸出が規制されます。「おそれ」があるかどうかは輸入先の用途についての経済産業大臣の通知、輸出者の判断によります。

輸出にあたっては、安全保障輸出管理制度への対応が必要な製品・技術でないかどうか、細かく検索して確認することが必要です。

図6-8 転用が懸念される汎用品と用途の例

汎用品	懸念用途	民生用途
工作機械	ウラン濃縮用遠心分離機の製造	自動車の製造や切削
シアン化ナトリウム	化学兵器の原材料	金属めっき工程
ろ過器	細菌兵器製造ための細菌抽出	海水の淡水化
炭素繊維	ミサイルの構造材料	航空機の構造材料

出典：経済産業省「安全保障貿易管理について」（2020年9月）を一部加工して作成
(https://www.meti.go.jp/policy/anpo/seminer/shiryo/setsumei_anpokanri.pdf)

◎違反事例

実際、どんな製品の輸出が、処罰を受けているのでしょうか。実例として、日本の機械メーカーが潜水艦のプロペラを加工する機械を、許可を受けずノルウェー経由で当時のソ連に輸出して外国為替及び外国貿易法違反で有罪となった事例（「工作機械輸出事件」東京地判昭和63年3月22日）、日本の電子部品メーカーが、許可を受けずにミサイル部品を、シンガポール経由でイラン空軍向けに輸出して関係者が外国為替及び外国貿易法違反で有罪となった事例があります（「ミサイル部品輸出事件」東京地判平成4年4月23日）。

また、日本の粉体機器メーカーが10μm以下の粒子を製造できるスプレードライヤーを中国に輸出したとして外国為替及び外国貿易法違反で同社社長らが逮捕された事例もあります（「スプレードライヤー輸出事件」同社プレスリリース2020

年3月12日）。スプレードライヤーは食品製造など民生用に使われる一方、兵器開発にも使われる可能性があるのです。

4-3　CSR、ESG投資、SDGsに関心をもって実践する

◎CSRの始まりを理解する

今、世の中には「CSR」「ESG投資」「SDGs」という言葉が飛び交っています。「概念が多すぎる」と戸惑っている人もいるかもしれません。Unit 1の2-4ではこれらの動きは「社会コンプライアンス」の延長線上にあると述べました。あなたには、社会コンプライアンスの一環としてこれらの言葉を、ぜひ理解してほしいところです。そのためには「CSRから始まった歴史」をしっかりと押さえておくことが必要です。遠回りに見えますが、理解の基礎を固めるところから始めましょう。

◎CSRの始まりは2つの裁判だった

驚かれるかもしれませんが、かつては、「企業は社会のためにお金を使って良いのか」が議論されていました。「企業の資本は株主だけのために使うべきではないか」という考えがあったのです。

CSRの歴史は2つの裁判から始まりました。1つは米国の「兵器禁止株主提案事件」です。人権医療委員会（市民活動を支援する医療従事者団体）が株主として、ある化学会社に対して兵器を製造販売するのをやめるように株主提案したのです。ところが、会社の利益を減らす提案は無効だと拒絶されて問題となりました。裁判所は「株主が、利益は減らすが、社会的に責任のある方法で会社の財産を使ってほしいと提案することは有効である」としました（「兵器禁止株主提案事件」コロンビア特別区巡回区合衆国控訴裁判所1970年7月8日）。この判断は米国最高裁判所でも支持されています（1972年1月10日）。ここに「社会的責任」という言葉が登場し、会社が社会のために資産を使うことが法的に認められたのです。

もう1つは日本の「製鉄会社政治献金事件」です。製鉄会社が「政治献金」をしていたことが「定款違反だ」と提訴されたのです。確かに定款の目的には「政治献金をする」とは書いてありません。しかし、最高裁判所は「会社は社会的実在なのだから、社会通念上期待されるものである限り、期待に応えることは当然

になしうる」として献金のために資産を使えるとしました（最判昭和45年6月24日）。この2つの裁判によって、企業が「社会の期待に応える」ために資産を使うことが法的に認められ、そこから「社会の期待に応えるべきだ」という「CSR」の動きが始まったのです。

4-4 ESG投資とESG経営

◎ESG投資

CSRの潮流は2000年代に入ってからますます強まっていますが、2000年代半ばに新たな動きが出てきます。2007年に米国の住宅バブルが崩壊し、その影響で翌年米国の投資銀行リーマン・ブラザーズが倒産したことをきっかけに、世界的な金融不安が生じました。投資家は、こうした状況を見て、企業が存続していくためには、本音で「企業統治」（コーポレートガバナンス。社会・株主のコントロールが企業に及んでいること）が必須であると痛感したのです。

投資家は、CSRの元々の考え方であった「環境保護」（Environment）、「社会貢献」（Society）に、さらに「企業統治」（Governance）を加えて、「ESG」と名づけ、ESGに力を入れている企業に投資する姿勢を打ち出しました。それが「ESG投資」です。国連も2006年、ESGの考え方を投資姿勢に組み込むことを基本とする「責任投資原則」を提唱しています。日本でも多くの投資家・企業がこの原則に従って投資活動を始めています。

こうした動向を受けて企業側も、投資対象として選ばれるように、ESGへの取組みを重視した経営を行う方向性を強めています。「ESG経営」といって良いでしょう。具体的な動きとして、EUの政策金融機関、欧州投資銀行（EIB）は2019年11月14日、化石燃料に関する事業への新規融資を2021年末で終えると公表しました。また、ある日本の銀行は「ESGを重視する企業には、資金使途を限らず、金利等を優遇した融資を行う」と発表しています（同行プレスリリース2019年11月29日）。

◎取引先にもCSR、ESGの実践を求める

現代はCSR経営もESG経営も、自社単独の努力だけでは足りないとされる厳しい時代です。自社がいくら立派な経営を実践していても、原料や部品の仕入先が従業員に過重労働をさせているというのでは、社会は許してくれません。

責任投資原則：国際連合が2006年に提唱した、投資対象の財務指標だけでなく、ESGへの取組みも考慮すべきだとする原則。略称PRI（Principles for Responsible Investment）。

Unit 6-Chapter 4　社会貢献と企業価値の向上　171

Unit 4の1-1で学んだように、CSRを実践している企業とだけ取引をする姿勢を「CSR調達」といいますが、取引先に対してさらに「ガバナンス」が確立していることをも求める時代が始まっています。取引先の社長が超ワンマンで間違った方向に突っ走って倒産してしまったなどということになれば、あなたの会社にも重大な影響が出ます。取引先の経営状況について、社外取締役が充実しているか、社長に意見をいえる人がいるのかなどを確認しておく必要があります。

◎サプライチェーンを見直す

CSR、ESGを求める先は、実は取引先だけではありません。突き詰めていえば、サプライチェーン全体がCSR、ESG重視の姿勢を持っていることが理想なのです。「サプライチェーン」とは、原料・材料→製造→保管→配送→販売というように、商品が消費者の手に届くまでの一連の流れのことです。社会には、「この流れのどこか1カ所にでもCSR、ESGに反する事態があるのは好ましくない」という意識が芽生えています。

けれども、このチェーンには原料メーカーから完成品メーカー、倉庫会社、物流会社、卸・小売りなど、非常に多くの企業が参加しています。その全体を見まわしてCSR違反などがないかと観察することなどは困難です。そこで少なくとも、たとえば「企業不祥事」が報道されたときに、「その会社は当社のサプライチェーンに参加していないか？」と見直すなどの努力は怠らないようにしましょう。

◎「現代奴隷法」とサプライチェーン

海外では「現代奴隷法」(Modern Slavery Act)という法律によって、企業のサプライチェーンの労働状況を見る動きが始まっています。英国は2015年3月に「現代奴隷法」を制定しました。英国で年商3,600万ポンド以上の事業を行う企業は、毎年「奴隷労働・人身売買に関する声明書」を開示することを求められます。声明書で報告する内容は、その企業自体と「サプライチェーン」の奴隷労働・人身売買への対応です。同様の法律がオーストラリアでも2018年に制定されています。

「奴隷労働」というと、遠い昔の話のように聞こえますが、過酷な労働環境、低賃金・長時間労働などのことです。とすれば現代でも十分にありうる話です。特

に、グローバル展開で原料・材料・部品を調達する日本企業は留意が必要です。留意すべき企業は英国、オーストラリアに進出している企業に限りません。「コンプライアンスは法律を超える」の考え方からすれば、現代奴隷法の有無にかかわらず、人々に奴隷的な労働をさせるべきではありません。それはコンプライアンス上、当然のことです。

あなたの会社がグローバル展開をしている場合は、現地従業員の労働実態にもぜひ関心をもってください。

図6-9　現代奴隷法　サプライチェーンの確認

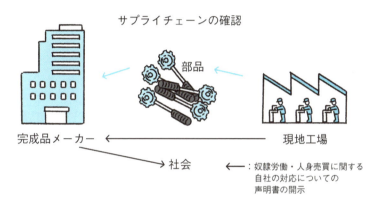

◎「紛争鉱物規制」に平和への願いを見る

サプライチェーンに関する特殊な規制として、「紛争鉱物規制」があります。米国では2010年に成立したドッド・フランク法（金融規制改革法）で、米国証券取引所に上場している企業は、コンゴ民主共和国（DRC）および周辺9カ国から輸出された「紛争鉱物」（スズ、タングステン、タンタル、金。頭文字をとって3TGといいます）を自社製品に使用しているときは、米国証券取引委員会（SEC）に報告し、かつホームページで開示しなければならないとされています。DRCなどの武装勢力は、地域住民を強制的に労働させてスズなどの鉱物を得て輸出して、資金を獲得し、武器を購入し、暴動を繰り返します。その資金を断つことを目的とした、現地の平和を願う規制です。EUも2017年に「EU紛争鉱物規則」を承認し、全世界の紛争地域の3TGを対象とし、加盟国への報告、ホームページでの開示を求

めています。

　しかし、あなたの会社が扱う製品に「紛争地域から輸入した鉱物が使われていないか」を確認することは容易ではありません。自社では使用していないとしても、サプライチェーンのどこでも使用されていないとはいいきれません。そこで最低限、紛争地域との取引がある企業の情報を入手した際は、自社のサプライチェーンに加わっていないかを確認すれば良いと思います。もし、取引先から調査依頼等があった場合は、自社の調達先の調査をしっかり行って、取引先の期待に応えることが求められます。あなたも、紛争地域の「平和への願い」という国際問題が、自社に及んでくる可能性のある事柄なのだと理解し、関心をもって見ることにしましょう。

◎ESG経営

　自社のESGへの取組みについて、社外に向けて「統合報告書」「CSR/ESG報告書」を作成する企業も増えています。商品のプラスチック部材を紙に変えるなど、環境に影響を与えるような製品の製造を控える動きも現実に出ています。

　あなたの会社もきっと、そうした努力を始めているはずです。そうした会社の活動を理解し、積極的に協力していくことが、あなた自身のESG活動です。

4-5　SDGsの動きを知っておく

◎17の目標

　国連は、2015年9月25日、第70回総会で、2030年までに政府や企業が取り組むべき、「持続可能な開発目標」(Sustainable Development Goals ; SDGs) として、17の目標を定めました。「サステナブル」(sustainable)とは「持続できる」という意味で、「将来の世代が持続的に発展できるように」という願いが込められています。将来の世代のために、先進国は、大量生産・大量消費・大量廃棄という従来のあり方を見直して環境問題に取り組むべきですし、発展途上国は貧困・人口増・飢餓という問題に取り組むべきです。これまで国連などの場で行われてきた、こうした議論を集大成したものです。

図6-10 SDGsの17の目標

1　貧困をなくす	11　持続可能な都市と地域社会の実現
2　飢餓をゼロに	12　責任ある消費と生産
3　すべての人に健康と福祉を	13　気候変動への対応
4　平等な教育を	14　海洋生物に配慮して海洋資源を守る
5　ジェンダー平等の実現を	15　陸上生物に配慮して砂漠化を防ぎ、生物の多様性を守る
6　クリーンな水と衛生設備を	
7　供給可能でクリーンなエネルギーの実現	16　すべての人が、平和と正義のために、権限のある公共機関を利用できるように
8　良質な雇用と経済成長	
9　産業、イノベーション、経済基盤の充実	17　持続可能な発展のためにグローバル・パートナーシップを活性化する
10　不平等の減少	

（日本語訳は筆者による）

◎会社ができること

　ここでは会社がすぐに着手することのできるSDGsへの取組みを2つご紹介します。

　1つ目は、「経営理念」の見直しです。

　ESG投資を目指す機関投資家、個人投資家は、企業がSDGsにも取り組んでいるかを確認したいはずです。その際、企業の「経営理念」をみることが考えられます。そこで会社の経営理念に17の目標の趣旨が取り入れられているのか再確認しましょう。さらに、SDGsとの整合性を明示して経営理念をインターネットで公開しておけば、それは理想的な情報開示です。

　2つ目は統合報告書に記載することです。統合報告書とは、企業が自主的に作成するものです。「アニュアル・レポート」「CSR報告書」「サステナビリティ・レポート」などさまざまな名称で、事業の状況や戦略について株主、投資家に伝えています。目的は会社の姿勢を社会に知ってもらい、企業価値を高めることです。CSR、ESGと同様、統合報告書にSDGsへの取組み計画と実施状況を報告しておけば、投資家からの評価が得られます。

◎あなたができること

　SDGsのうち、ジェンダー平等（目標5）、イノベーションの取組みへの参加（目

標9）、責任ある消費と生産（目標12）、海洋や陸上の生物を大切にする（目標14、15）などは、あなた自身が日ごろの生活の中で取り組める目標ですので協力しましょう。気候変動対策（目標13）については次のChapter 5で述べます。

Chapter 4　まとめ

- ☑ インサイダー取引は、インサイダー情報を利用して、その情報を知らない相手と株取引をする行為で、詐欺的な取引なので行ってはならない
- ☑ インサイダー情報を受領した人もインサイダーと同様に株取引を規制される
- ☑ インサイダー取引を推奨する行為も規制されている
- ☑ 海外に武器や軍事転用可能であるような物・技術を輸出することは禁じられており、もし輸出するときは経済産業大臣の許可を得る必要がある
- ☑ 今世界は、CSR、ESG投資、SDGsという大きな動きの中にある。企業はそうした世界の流れに目を向けるべきであり、従業員一人ひとりも協力していくことが望まれる

Chapter 5

皆の力で地球を守る

～環境を傷つけると「レッドカード」～

　あなたも会社も「社会コンプライアンス」を実践し、社会の信頼と支持を得て、「企業価値」を築いていくことが使命です。ところが、会社が、事業を進めるかたわらで、騒音をまき散らし、大気・水・土壌などを汚染しているというのでは、社会コンプライアンスに真向から反することになり、社会からレッドカードを突きつけられてしまいます。

　また、企業の事業活動は日本国内にとどまらず、地球環境にも影響を及ぼします。温室効果ガスの排出による地球温暖化はその代表です。企業として、あなた個人として、環境を守るためにできることについて、考えていきましょう。

5-1　環境を守る基本法である「環境基本法」

　国や自治体も、企業の環境保全には重大な関心をもって取り組んでいます。そうした施策の基本方針を定めているのが「**環境基本法**」です。この法律は、環境保護に関する基本目的、基本方針を定めており、また大気、水質、土壌などそれぞれの分野で環境保護に関する法律を作る大本の「設計図」の役割を担っています。同法3条には「現在及び将来の世代の人間が健全で恵み豊かな環境の恵沢を享受するとともに人類の存続の基盤である環境が将来にわたって維持されるように」とあり、**SDGsの「S」**(sustainable；持続できる)**と同じ方向を理念としている**ことがわかります。

　環境基本法に関連して、大気汚染防止法、**水質汚濁防止法**、土壌汚染対策法、**騒音規制法**、**省エネ法**、廃棄物処理法、**容器包装リサイクル法**、**化学物質審査規制法**など多くの法律が制定されています。これらを合わせて「環境法」と呼びます。

　環境法の中から、いくつかを少し詳しくみていきましょう。

水質汚濁防止法：工場等による汚水の排出基準を定めて排出を規制し、有害な水質汚濁物質による河川や地下水などの汚染防止を図るための法律。

騒音規制法：工場や事業場における事業活動、建設工事に伴って発生する騒音について必要な規制を行い、自動車騒音に係る許容限度を定めた法律。

省エネ法：電気製品や自動車など、エネルギー使用量の多い製品の省エネや、エネルギーを使用する工場や

5-2 大気の汚染を防止する

◎規制の概要

有害な物質で大気が汚染されると人の健康に悪影響を及ぼします。そこで、環境基本法の基本方針に基づいて、「大気汚染防止法」が定められています。同法では、排出規制対象物質として、以下が指定されています。

図6-11 大気汚染防止法の排出規制対象物質

対象物質	説明
ばい煙	いおう酸化物、ばいじん（スス）、有害物質
揮発性有機化合物	大気中に排出され、または飛散したときに気体である有機化合物で、オキシダントのもととなる物質
粉じん	物の破砕や堆積等により発生・飛散する物質 ※特に人の健康に被害を生じるおそれのある物質を「特定粉じん」とし、石綿が指定されている

また、これらの物質を発生する施設を、それぞれ「ばい煙発生施設」「揮発性有機化合物排出施設」「粉じん発生施設」といいます。

排出規制は細かくなされています。「ばい煙」規制では、排出基準として「一般排出基準」が定められていますが、大気汚染の深刻な地域では、より厳しい「特別排出基準」が定められています。

企業はこうした規制を守っていることを示すために、発生、排出状況を測定・記録する義務があります。都道府県の担当者は工場や事業場に立入検査を行うことができます。

規制が守られていないと、都道府県の知事は改善命令、一時使用停止命令を発することができます。また、違反行為には刑事罰（6ヵ月以下の懲役または50万円以下の罰金）が科されます。

なお、環境規制では「上乗せ排出基準」といって、都道府県や市町村が条例によって、法律よりもさらに厳しい基準を定めることが認められています（上乗せ条例）。自治体がそれぞれにきめ細かく規制を行い、人々を守ろうという趣旨で

事業場等の省エネなどを定めた法律。
容器包装リサイクル法：容器包装ごみのリサイクルを製造者に義務づけた法律。
化学物質審査規制法：環境中での分解が難しく、人の

健康を損なうおそれがある化学物質による環境汚染を防止するため、新規の化学物質を製造・輸入する際に、事前にこれらの性質について審査する制度などを定めた法律。

す。上乗せ条例と同様の趣旨で、その地域独自の必要性があるため、規制の対象となる物質を法律よりも広げる条例もあります。これは「横出し条例」と呼ばれます。

◎大気汚染の事例

2007年、ある製紙会社が、複数の工場で「ばい煙」（いおう酸化物、窒素酸化物）のデータが排出基準値を超えていたことを発表しました。担当者はデータが基準値を超えるとコンピュータ端末により基準値以下に書き換えるなどの不正を行っていました（2007年8月14日公表同社報告書）。2007年7月24日の日本経済新聞によれば、同社の取締役は「法を守る精神が欠けていた」とコメントしたとのことです。

この事件は当時、大々的に報道されました。また、経営陣から各工場の役職者まで、大規模な社内処分が行われました。

もし基準を逸脱する数値が確認されたら、すぐに上司に報告し、会社として知事に報告し、きちんと対処をすべきです。データを隠したり、書き換えたりしたことにより、環境汚染を引き起こしてしまったら、社会の糾弾を招き、会社はとんでもないダメージを被ることになるからです。

◎海外の事例

大気の汚染を防止したいという社会の要請が高まっているのは世界中、どこも同じです。ドイツの自動車メーカーが米国の環境保護局（EPA）で自動車の排気ガスの検査を受けるときに、検査中だけ排気ガス中の窒素酸化物（NOx）を抑制させるソフトを搭載して基準をクリアしていたことが発覚しました（「排気ガス不正事件」2015年9月18日国土交通省発表）。排出量は最大、基準値の最大35倍だったとされます。

自動車メーカーは48万2,000台のリコールを命じられ、180億ドルの制裁金を科されました。汚染防止にかける米国政府の緊迫感がわかります。なお、その後自動車メーカーは、EU域内での約850万台についてもリコール対象とすることを明らかにしました。

5-3 土壌汚染に適正に対応する

◎規制の概要

工場で使用する物質の中に有害物質があるなどして、土壌が汚染されると、①地下水に溶け込んで人が摂取してしまうリスク（**地下水経由摂取リスク**）、②人が口や肌から直接に摂取してしまうリスク（**直接摂取リスク**）が生じます。こうしたリスクに備え、地域住民の安全・健康の期待に応えるためには、土壌汚染に適正に対応する必要があります。

工場の稼働等による土壌汚染の状況を把握し、適切な措置を講じて、地域住民の健康を守るために「土壌汚染対策法」が定められています。同法では、土壌に含まれることに起因して健康被害を生じるおそれがあるもの（鉛、ヒ素、トリクロロエチレンなど）が「特定有害物質」として指定されています。土地の使用が終わった後の調査・報告義務、虚偽報告に対する是正命令、調査の結果、特定有害物質が基準を超えており、健康被害防止措置が必要な土地である場合等はその指定がなされ、汚染土壌の搬出をするには届出が必要などのルールが定められています。

虚偽報告、届出なしの土壌搬出には刑事罰が科されます。

◎土壌汚染に関する事例

土壌汚染対策法そのものが問題となった事案ではありませんが、土壌汚染が問題となった事例があります。不動産会社が金属精練所の跡地に建設されたマンションを販売するときに、敷地内で土壌環境基準の数十倍のヒ素等の重金属が検出されていることを知りながら、そのことを買主に説明しないで販売して問題となりました。土壌汚染を明らかにした後も、不動産会社は「生活安全面での問題はない」「販売時に説明責任はなかった」などと主張しました。警察は重要事項を説明すべきとしている宅地建物取引業法に違反するとして、捜査を行いました。検察庁で社長も会社も**起訴猶予**にはなりましたが、大きく報道されました（「マンション土壌汚染事件」大阪地検起訴猶予平成16年6月10日）。また、不動産会社は国土交通省から業務停止などの行政処分を受けました。

起訴猶予：裁判所に起訴することを猶予されること。

5-4 廃棄物の管理・資源の有効利用を徹底する

◎産業廃棄物の処理についての規制

　工場の稼働その他、事業活動を行うと必然的に廃棄物が生じます。「廃棄物処理法」はそうした廃棄物の発生の抑制、適正な処理により、私たちの生活環境を守ることを目的に定められました。

　廃棄物の中でも、燃え殻、汚泥、廃油、廃酸、廃アルカリ、廃プラスチックなど20種類が「産業廃棄物」とされています。産業廃棄物を排出した事業者（以下、「排出事業者」といいます）は、自らの責任において適正に処理することが義務づけられています。実際は、産業廃棄物の処理を、収集運搬業者や処分業者に委託することが多いのですが、その場合排出事業者は運搬や処理が適正に行われるように管理する義務があります。万一、不法投棄をした場合は、原状回復義務があります。

◎資源の有効活用を考える

　廃棄を考える前に、そもそも廃棄物を減らすこと、再使用すること、資源として再生利用することに向けて努力する必要があります。「リデュース」（Reduce；減らす）、「リユース」（Reuse；再使用）、「リサイクル」（Recycle；再生利用）の頭文字をとって「3R」（スリーアール）と呼ばれています。ペットボトルを原料として服を作るなどはリサイクルの例です。

　こうした動きを後押しするものとして「循環型社会形成推進基本法」が定められています。同法は事業者に対して、できるだけ廃棄物を減らすこと、再使用、再生利用、熱回収（燃やしてエネルギーとする）することを求めています。廃棄は最後の手段ということです。企業としては企画開発段階でリユースしやすい設計や原料部材を選ぶなどの工夫が求められます。

　同法は国民、つまりあなたにも、製品をなるべく長期間使用すること、再生品を利用すること、分別回収に協力することなどを求めています。リターナブル容器に入った商品を選ぶ、リサイクル品を積極的に使うなどの協力が考えられます。

5-5 地球環境保全に協力する

◎地球温暖化に対する国際的な対応

地球温暖化対策は待ったなしの状況です。世界気候機関（WMO）によれば、2020年2月6日、アルゼンチンの国立気象局（SMN）が南極のエスペランサ観測基地で、過去最高の気温18.4℃を観測したとのことです。世界各地で大規模な森林火災も相次いでいます。こうした状況に対応することは、私たち自身の安全で穏やかな生活を守るためであり、また将来の世代の人たちに、この地球を受け継いでもらうため、つまり、「持続可能性」（サステナビリティ）を大事にするためでもあります。

国際社会は、2010年12月の第16回気候変動枠組条約締結国会議（COP16）での「カンクン合意」採択、2014年12月（COP20）の「気候行動のためのリマ声明」採択など、地球温暖化に対応するための活動を続けてきました。2015年12月にはCOP21の成果として「パリ協定」が採択されました。

パリ協定では世界の平均気温上昇を「産業革命以前に比べて2℃より十分下回るように抑えること、1.5℃までに抑える努力をすること」という目標が示されています。日本は2016年11月にパリ協定を締結しました。

◎日本の対応

パリ協定を経て、日本でも2018年12月から「気候変動適応法」が施行されています。同法では、国が気候変動適応に関する施策を策定すること、地方公共団体の適応施策推進の責務などが定められています。

また、2021年5月には「2050年までに温室効果ガスの排出を全体として実質ゼロにする」という政府の目標を条文に明記した改正地球温暖化対策推進法が成立しています。

◎企業、そしてあなたができること

2020年6月25日、ある金融グループの株主総会で、「温暖化防止のパリ協定の目標に従った投資計画を、定款で定めるよう求める」という株主提案が行われました。「定款」とは企業と株主の約束です。その定款にパリ協定に沿った投資を行うと明記することが提案されたのです。この提案は可決こそされませんで

COP：Conference of Parties（締約国会議）の略。
温室効果ガス：地球温暖化の原因となる気体。二酸化炭素、メタン、フロンなどがある。これらのガスが地球の周りに適度な膜を作り、太陽光の反射熱が宇宙に放射されるのを妨ぎ、地球表面付近の大気を暖める（温室効果）。温室効果ガスが増えると温室効果が強まり、気温が上昇する。

したが、34.5％もの賛成を得ました。社会全体が温暖化対策に強い関心をもっていることがわかります。

　企業、そしてあなた自身ができることとしては、事業活動や日常生活で、電気やガス、ガソリンなどの消費量を減らし、二酸化炭素をはじめとする温室効果ガスの排出量を減らす、エネルギー源を再生可能エネルギーに切り替える、などの取組みが考えられます。

　温暖化のみならず海洋汚染の原因ともなる、使い捨てプラスチック製品をなるべく使わない、といった事柄もあります。EUでは2019年7月、使い捨てプラスチック製品の流通を禁止する **EU指令** が発効しました。日本でも、2020年7月から、プラスチック製買物袋（いわゆるレジ袋）の有料化が実施されています。2021年6月には、プラスチック廃棄物の削減と資源循環を促進するための新たな法律「プラスチック資源循環促進法」が成立しました。

　また、廃棄物を増やさないために、なるべく容器包装などのゴミが出ないような買物をするよう、心がけることもできます。

　私たちが皆、将来の世代のために安全で穏やかな地球を守るという熱意をもち、先の株主提案賛成にみられるような意思表明を続けることで、政府、国際社会に影響を与えることができます。企業、そしてそこで働くあなたがそうした姿勢を示すことが、地球を守ることに直結します。それこそが究極の「社会コンプライアンス」です。

EU指令：欧州委員会から加盟国に向けた指令。加盟国
はこれを受けて国内法を整備する。

Chapter 5 まとめ

- [x] 企業は事業活動によって周辺の環境を傷つけてはならない

- [x] 環境基本法は、環境を守る基本方針を定めたものである

- [x] 大気汚染防止法は「ばい煙」「揮発性有機化合物」「粉じん」による大気汚染を防止する法律である

- [x] 自治体によっては、国以上に基準値を厳しくする「上乗せ条例」、国が規制していない物質も規制する「横出し条例」もあるので、条例をよく調べる必要がある

- [x] 工場の稼働などにより、鉛、ヒ素、トリクロロエチレンなどの有害物質により土壌が汚染される可能性があり、その規制のため土壌汚染対策法がある

- [x] 廃棄物処理法により、産業廃棄物を排出した事業者は、自らの責任において適正に処理することが義務づけられている

- [x] 地球温暖化対策をはじめ、地球環境の保全に対応することは、究極の「社会コンプライアンス」である

リーガル喫茶室 6

リコール対応の現場と経営トップの姿勢

　商品に欠陥が見つかったときは、ほんのわずかでも消費者の安全に影響があるならば、直ちに商品をリコールしなければなりません。「今この瞬間に、その商品を使ったり、飲んだり、食べたりしようとしている人がいる」。その危機感がリコールを進める原動力となります。

　リコール対応を行うには多くの部署が緊密に連携することが必要となります。社内に「対策本部」を設置して、技術、製造、営業、法務、総務、広報などの担当者を招集します。同時に全国の消費者に警告するため、新聞社に最速の版で警告文掲載のスペースを確保してもらいます。新聞社からは「朝刊に間に合わせるためには午後○時までに警告文の原稿をください」と要請されるのが常です。

　この警告文の原稿が大変です。消費者の身になって、危険性がパッとわかるように書かなければ警告になりません。ところが、過去の実例をみると冒頭に「平素、当社の製品をご愛顧いただき、誠にありがとうございます」と書き始めている例もあります。事態は消費者の「安全」に関する事柄です。「当社の製品○○で、以下のような形で使用されると、指にケガをされる場合があることが判明しました」というように、端的に警告から始めるべきです。イラストを使い、製品番号などは四角で囲んで大きく表記するなどして、消費者に一目でわかってもらえるよう、最大限の工夫をなすべきです。

　以前、対策本部の部屋の隅で、警告文の原稿を書いていたときのことです。「この『指にケガをされる場合がある』という部分を、太字で大きくしてくれますか」と、社長から直接要望されました。驚きました。かつては、「警告文はあまり目立たないようにしたいのですが…」とまったく逆のことを希望する経営者がいたものです。「太字で大きく」と求められたとき、そこまで気づかなかったことに私の方が恥ずかしくなりました。

　経営トップがこうした姿勢でいる限り、万一、欠陥品が発生しても、会社は円滑にリコール責任を果たすことができます。平時に「お客様の安全が第一です」ということは容易ですが、いざリコール問題が起きたときに、その言葉どおり行動することは簡単ではありません。「有言実行」で消費者と社会の信頼を獲得したいものです。

理解度チェック問題集

[   ]に入る最も適切な選択肢を選んでください。

（正解と解説は206頁〜）

01. 企業にとってのコンプライアンスの"本当"の意味は [   ] である。

- ☐ 法令を順守すること　☐ 相手の期待に応えること
- ☐ 命令・要求に従うこと

02. 法令違反に厳しいペナルティが待ち受けている理由は、法令は人や企業が守るべきルールのうち、[   ] を定めたものだからである。

- ☐ 最低レベルの社会的ルール　☐ 最高レベルの社会的ルール
- ☐ 労働者が守るべきルール

03. コンプライアンスとは「相手の期待に応えること」であるが、企業が期待に応えるべき相手としては、主に、[   ]、従業員、取引先、社会、株主の5つが挙げられる。

- ☐ マスメディア　☐ 消費者　☐ 監督省庁

04. 消費者が企業に期待する具体的な事柄は、「安全・安心」、[   ] である。

- ☐ 「最低限の品質」「格安価格」　☐ 「中庸の品質」「中庸の価格」
- ☐ 「高品質」「合理的価格」

05. 従業員は、消費者と並んで企業にとって [   ] 存在であり、企業活動の [   ] だといえる。

- ☐ 大切な、原動力　☐ 過剰な、コスト　☐ 必要な、終着点

06. 取引先コンプライアンスとは、「[　　　　]」「取引関係が公正で
あってほしい」などの、取引先の期待に応えることである。

- [ ] 多少問題があっても、納品を受け入れてほしい
- [ ] 取引契約を順守してほしい
- [ ] 利益供与に見合った契約をしてほしい

07. 取引先コンプライアンスを考えるときに重要なことは、すべての企
業が消費者、エンドユーザーに対して[　　　　]を負っているという
ことである。

- [ ] 「納期」を順守する責務
- [ ] 「最新技術」を提供する責務
- [ ] 「安全」を確保する責務

08. 社会が企業に期待するところをまとめた考え方を[　　　　]とい
い、経済、社会、環境のバランスを強調して国連がまとめた各国政府や
企業が取り組むべき目標を[　　　　]という。

- [ ] CSR（企業の社会的責任）、SDGs（持続可能な開発目標）
- [ ] SDGs（持続可能な開発目標）、ESG投資
- [ ] ESG投資、CSR（企業の社会的責任）

09. 株主コンプライアンスとは、「[　　　　]、『企業価値』の維持・向上
を目指してほしい」という株主の期待に応えることである。

- [ ] 株価に影響するような都合の悪い情報などは開示しないで
- [ ] 事故や不祥事を起こさないようにコンプライアンスを尊重して
- [ ] 配当が良くなるよう利益を出すことを最優先にして

理解度チェック問題集　　189

10. コンプライアンスに関する事案に対応するときは、まず、①その事案が「消費者、従業員、取引先、社会、株主」という5つのコンプライアンスのどれに関係しているのか、②[　　　　]、③関係する法令はあるか、というプロセスで考えると正しい方向で検討できる。

- [ ] 自分や自部署に不利益を被るかどうか
- [ ] 自分が働いている会社に期待されていることは何か
- [ ] 経営者が期待していることは何か

11. 働く中で、「どこまでがコンプライアンスといえるのか」と迷う場面がでてきたら、「自分自身の感覚」を1つの基準として考え、時代の流れにあわせるために、[　　　　]が必要である。

- [ ] 各種メディアや研修などで情報を収集し、補っていくこと
- [ ] 会社内の価値観を知り、補っていくこと
- [ ] 上司の指示・命令をあおぎ、その通りに対応すること

12. 会社は、「コンプライアンス体制」の整備について、[　　　　]の3つの方面から取り組んでいる。

- [ ] 義務、権利、懲戒処分　　[ ] 法令順守、研修、ESG投資
- [ ] ルール、組織、手続き

13. [　　　　]は、服務規律など従業員が守るべきコンプライアンス事項を含む基本的なルールなので、必ず読んでおくべきである。

- [ ] CSR報告書　[ ] 労働基準法　[ ] 就業規則

14. コンプライアンスの問題は [　　　　]、関心をもって臨むことが大切である。

- [ ] 業務とは直接関係がないことだが
- [ ] いつ自分の身に降りかかるかわからないので
- [ ] 大企業においては大きな問題に発展する可能性があるので

15. 「コンプライアンス調査・監査」があった場合は、[　　　　] が大切である。

- [ ] 誠実に対応すること・正直に答えること
- [ ] 自分に不利益のないことにのみ答えること
- [ ] 社会から批判を浴びるような事実を隠ぺいすること

16. 会社は、縦の線である [　　　　] と、横の線である [　　　　] とで構成されている。

- [ ] コーポレートガバナンス、CSR（企業の社会的責任）
- [ ] 内部統制システム、コーポレートガバナンス
- [ ] CSR（企業の社会的責任）、内部統制システム

17. 会社は、内規（社内規則）や、業務上の指示・命令に従わない従業員に対しては、業務命令違反として、[　　　　] という手続きをとることができる。

- [ ] 慰謝料の請求　　[ ] 刑罰を科す　　[ ] 事実調査・社内処分

理解度チェック問題集　　191

18. [　　　　]とは、「会社が事業推進のために、内規（社内規則）を定め、必要に応じて指示・命令を出し、これらに違反する従業員がいれば事実関係を調査して社内処分を行うという仕組み」のことである。

☐ 内部統制システム　　☐ コーポレートガバナンス
☐ コンプライアンス体制

19. [　　　　]とは、「経営トップを中心とする経営幹部の動きを横から観察し、方向性を間違えていると察知したときはすかさずストップをかけ、方向性を是正する仕組み」のことである。

☐ コンプライアンス体制　　☐ 内部統制システム
☐ コーポレートガバナンス

20. 企業の現場で起きている違法、不当、不適切な出来事を、従業員が担当窓口に通報できる制度が[　　　　]、公益を守るために、刑事罰の対象となる事実を通報できる制度が[　　　　]である。

☐ 内部統制システム、公益通報者保護法の通報制度
☐ ホットライン（内部通報制度）、公益通報者保護法の通報制度
☐ 公益通報者保護法の通報制度、ホットライン（内部通報制度）

21. 上司からの指示・命令がコンプライアンスに反すると感じたときは、[　　　　]必要がある。

☐ ５つのコンプライアンス（消費者・従業員・取引先・社会・株主）に照らし合わせて検証する
☐ 公益通報者保護法の通報制度を利用して直ちに通報する
☐ 細かいことは気にせず指示・命令通りに動く

22. 会社と従業員には、労働契約（雇用契約）を結ぶと同時に、[　　　　] が課される。

- [ ] 納税の義務　　[ ] 誠実義務　　[ ] 教育の義務

23. 私生活上の出来事（プライベート）でも、業務に影響が出てくる場合、会社のレピュテーションに関わる場合などは、服務規律が適用され、誠実義務違反として、[　　　　] ことがある。

- [ ] 行政処分を受ける　　[ ] 罰金を科される
- [ ] 社内処分を受ける

24. 仲間同士の飲み会費用を「会議費」として申請する、出張経費を上乗せして請求するなどの行為は、[　　　　] に該当し、[　　　　] にも反する行為である。

- [ ] 詐欺罪、株主コンプライアンス
- [ ] 業務上過失傷害罪、社会コンプライアンス
- [ ] 窃盗罪、従業員コンプライアンス

25. 勤務時間中にインターネットで職務とは関係のないサイトを閲覧する行為は、[　　　　] 違反である。

- [ ] 守秘義務　　[ ] 職務専念義務　　[ ] 競業避止義務

26. [　　　　] に不十分な点があって従業員に被害が生じた場合、その従業員または遺族は、会社に対して損害賠償を請求することができる。

- [ ] 会社の経営計画　　[ ] 会社の人事制度　　[ ] 会社の安全配慮

27. 会社は従業員を採用するときは[   ]を受けさせなければならず、その後も年1回以上、従業員に[   ]を受けさせなければならない。

☐ 健康診断　☐ ストレスチェック　☐ 産業医面接

28. 会社は「従業員コンプライアンス」として、常に従業員の勤務状況を見守り、[   ]を見守る必要がある。

☐ 一定の生活レベルを維持できているか
☐ 心身の健康を保てる職場環境であるか
☐ 充分な成果を上げているかどうか

29. テレワーク、リモートワークなどの勤務形態をとると、会社が[   ]や勤務ぶりを見守ることなどが困難となるので気をつける。

☐ モチベーション管理　☐ 食事・栄養管理　☐ 労働時間管理

30. 労働災害保険制度では、「業務上の災害」に加えて[   ]も補償の対象とされている。

☐ 帰宅途中の買い物時の災害　☐ 昼休みに外出した際の災害
☐ 通勤途上の災害

31. ハラスメントを防止しなければならない理由は、ハラスメントが[   ]悪質な行為だからである。

☐ 会社の「品格」を傷つける　☐ 人の「人格」を傷つける
☐ 株主の「信頼」を損なわせる

32. 職場の「パワーハラスメント」の定義は、「職場において行われる優越的な関係を背景とした言動であって、業務上必要かつ相当な範囲を超えたものによりその雇用する労働者の[　　　　]が害されること」とされている。

☐ 就業環境　　☐ 健康　　☐ 精神状態

33. セクシュアルハラスメントとは、業務を遂行する際に行われる、相手の意に反した性的な言動であって、仕事を行う上で不利益を与えたり就業環境を害するなど[　　　　]させる行為である。

☐ 周囲を混乱　　☐ 人を孤独に　　☐ 人を不快に

34. マタニティハラスメントとは、女性従業員の妊娠、出産に関するハラスメントのことであり、男女雇用機会均等法に「会社は女性労働者の[　　　　]に関する事柄で女性労働者の就業環境が害されることのないように、相談に応じられ、適切に対応できる体制を整備しなければならない」という旨の規定がある。

☐ 結婚、家事、育児　　☐ 看護、介護　　☐ 妊娠、出産、休業

35. 従業員と36協定を締結すれば、会社は、[　　　　]、また、法定休日に労働させることができる。

☐ 従業員に法定労働時間を超えて
☐ 従業員の就業時間内の副業を認め
☐ 従業員を休業させることができ

36. 36協定で決めることのできる時間外労働には、[   ]という「上限」が定められている。

- [ ] 1カ月45時間、1年360時間
- [ ] 1日8時間、週40時間
- [ ] 1カ月80時間、1年720時間

37. 従業員が、仕事をすることと、家庭や地域などで個人的なやりがいや充実感を感じながら生活することを両立できることを[   ]という。

- [ ] テレワーク
- [ ] ワーク・ライフ・バランス
- [ ] コーポレートガバナンス

38. 年休は従業員の希望する時季にとることができるが、会社はその時季に年休を与えることが[   ]場合は、他の時季に変えることができるとされている。

- [ ] 部署間で合意されていない
- [ ] 事業の正常な運営を妨げる
- [ ] 周りの従業員への影響が大きい

39. 会社は新たな取引先と取引を開始するときは[   ]を選ぶべきである。

- [ ] 慎重に、信頼できる相手
- [ ] 同業他社との取引実績が多い相手
- [ ] 要望条件をすべて受け入れてくれる相手

40. 「継続的取引の原則」のルールとは、取引が開始され、かなり長い期間が経過したときは、取引を終了するには、「[   ]」か「相当の補償」、またはその両方が必要だという考え方である。

- [ ] 書面での告知
- [ ] 相当期間の予告
- [ ] 官報による公告

41. 独占禁止法は「不公正な取引」の1つとして、[　　　]を「優越的地位の濫用」として禁止している。

- ☐ 同業者が集まって「市場の競争をやめよう」と「合意」する行為
- ☐ 特定の商品を独占販売して、ほかの会社を市場から締め出す行為
- ☐ 取引上の優越的な地位を利用する不当な行為

42. 「下請法」は、優越的地位の濫用の中でも、[　　　]に限って、「親事業者」の「下請事業者」に対する関係で具体的に規制している。

- ☐ 特定の事業　　☐ 公共事業　　☐ 上場企業の新規事業

43. ビジネスを進める上では取引先だけではなく、[　　　]とも接触をもつことがあるが、そのとき気をつけるべきは「贈賄罪」にならないように付き合うことが必要である。

- ☐ 弁護士　　☐ 株主　　☐ 公務員

44. 外国の公務員に対する贈賄は[　　　]によって禁止されている。

- ☐ 不正競争防止法　　☐ 独占禁止法
- ☐ 外国為替及び外国貿易法

45. 米国の[　　　]は、贈賄行為の一部でも米国で行われた場合、米国外の企業や公務員にも適用する「域外適用」の規定がある。

- ☐ 反トラスト法　　☐ FCPA（海外腐敗行為防止法）
- ☐ SOX法（企業改革法）

46. 不公正な取引方法の「ダンピング」とは、[　　　]して販売する方法である。

- [ ] 粗悪な商品・サービスを高額な値段に設定
- [ ] 原価を上回る価格で商品・サービスを期間を限定
- [ ] 原価を著しく下回る価格で商品・サービスを継続

47. メーカーが卸売店に対して、小売店に対する[　　　]ような行為を、独占禁止法では「再販売価格の拘束」といって禁止している。

- [ ] 販売数量を限定する
- [ ] 販売価格を指定して守らせる
- [ ] 大量購入をあっせんさせる

48. 独占禁止法では、「[　　　]」「[　　　]」「抱き合わせ販売」も「不公正な取引方法」として禁止している。

- [ ] 共同購入、差別的価格
- [ ] 共同ボイコット、差別的対価
- [ ] 集団ボイコット、おまけつき販売

49. 「リーニエンシー制度」（課徴金減免制度）とは、公正取引委員会に[　　　]を自主的に報告し、調査に協力することで課徴金を減免される制度である。

- [ ] 偽装の事実
- [ ] カルテルや談合の事実
- [ ] 取引先への不当な要求

50. 反社会的勢力が企業を攻撃する代表的な手法は、[　　　]手法である。

- ☐ 企業にコンプライアンス違反があれば、その点を攻撃し、社会に公表すると圧力をかける
- ☐ 攻撃対象とする企業の商品を扱う小売店などに販売しないよう圧力をかける
- ☐ コンプライアンス違反のあった企業のウェブサイトやSNSなどをハッキングする

51. 従業員には、会社との労働契約に基づき、「誠実義務」が課されているが、その中には自動的に[　　　]が含まれている。

- ☐ 守秘義務　　☐ 健康配慮義務　　☐ 安全配慮義務

52. 会社の役員・従業員が不正の利益を得る目的で、営業秘密を私的に使ったり、外部に開示したりする行為には、[　　　]によって刑事罰が科される。

- ☐ 不正競争防止法　　☐ 独占禁止法　　☐ 個人情報保護法

53. 機密情報を守るための方策として、パソコン（ハードディスク）、USBメモリー、CD、DVDなどの電磁的記録媒体、また情報をプリントした「紙」など、記録媒体を[　　　]がある。

- ☐ すぐに処分すること　　☐ 増やさないこと
- ☐ 厳重に保管すること

54. 機密情報を守るための方策として、[　　　　]での会話には注意しなければならない。

- [ ] 社内の個室で上司と二人きり
- [ ] レストランや居酒屋、電車、飛行機、バス、タクシーの中など
- [ ] 守秘義務を負っている経営層などが参加する会議

55. 個人情報保護法では、「個人情報」とは[　　　　]と定義されている。

- [ ] 個人の氏名を特定できる情報
- [ ] 生死にかかわらず特定の個人を識別できる情報
- [ ] 生存している特定の個人を識別できる情報

56. 個人情報保護法を適用される企業は個人情報データベース等を仕事で使っている[　　　　]である。

- [ ] 従業員500人以上の企業　　[ ] 上場企業　　[ ] すべての企業

57. 個人情報保護法は「人種、信条、社会的身分、病歴、犯罪の経歴、犯罪により害を被った事実」などを[　　　　]と名づけ、取得する際には本人の同意を得るように求めている。

- [ ] 匿名加工情報　　[ ] 要配慮個人情報　　[ ] 個人識別情報

58. 個人データを第三者に提供するときは、事前に「本人の同意」が必要であり、この事前同意のことを[　　　　]という。

- [ ] オプトイン　　[ ] オプトアウト　　[ ] サインイン

59. 顧客・取引先・従業員などの個人情報が漏えいした場合は、企業は直ちに［　　　］に漏えいの事実を伝えなければならない。

- [ ] 漏えい対象となった人々　[ ] 消費者庁　[ ] 公正取引委員会

60. 営業秘密として法的保護を受けるためには、［　　　］という３つの要件を満たす必要がある。

- [ ] 「非公知性」「新規性」「有用性」
- [ ] 「有用性」「非公知性」「機密性」
- [ ] 「管理性」「有用性」「非公知性」

61. 特許権とは、自然の法則を使った技術的思想の創作であって、特許庁により「新規性」と「［　　　］」があると認められて登録された者に与えられる権利である。

- [ ] 進歩性　[ ] 特殊性　[ ] 有用性

62. 実用新案権は、［　　　］に関する技術の創作で「考案」と呼ばれるものについて、登録されたことにより与えられる権利である。

- [ ] 文字、図形、記号、立体的な形状、色彩、音など　[ ] デザイン
- [ ] 物の形状、構造、組合せ

63. 著作権は、［　　　］著作物の著作者に与えられる権利である。

- [ ] 視覚を通じて美観を起こさせる
- [ ] 思想・感情を創作的に表現した
- [ ] さまざまな知的創造の成果である

64. 「著作権を買い取っている」場合でも、[　　　]については著作者の同意を得る必要がある。

☐ 公表、著作者名の表示、内容の変更
☐ 複製、上演・演奏、公衆送信　　☐ 公表、複製、販売、輸出入

65. 会社の知的財産を守るためには、技術については、[　　　]と[　　　　]、デザインについては意匠権、ネーミングについては商標権の登録をすることを心がけるべきである。

☐ 著作権、特許権　　☐ 特許権、実用新案権
☐ 実用新案権、著作権

66. 製造物責任法は、製造物に「欠陥」があり、そのことが原因で人の生命・身体・財産に損害が生じたとき、その製造物を[　　　　]に対して厳しい賠償責任を負わせている。

☐ 製造した者　☐ 製造・加工した者　☐ 製造・加工・輸入した者

67. 製造物責任法における「欠陥」には、「設計上の欠陥」「製造上の欠陥」「[　　　　]」という3種類の欠陥がある。

☐ 指示・警告上の欠陥　☐ 使用上の欠陥
☐ 維持・管理上の欠陥

68. 商品・サービスの[　　　　]について、消費者に誤認させるような表示をすることは「誤認表示」として、不正競争防止法で禁じられている。

☐ 品質・内容・製造方法・用途・数量・原産地
☐ 品質・内容・製造方法・用途・数量　☐ 品質・内容・製造方法

69. 商品・サービスの品質について、[   ]は景品表示法で禁止されている。

- [ ] 実際の「自社の」ものより多少優良であると示す表示
- [ ] 実際の「他社の」もと比べて同等以上であると示す表示
- [ ] 実際の「自社・他社の」ものより著しく優良であると示す表示

70. 消費者契約法では、営業担当者などの行為で消費者が[   ]させられたり、[   ]させられたりして、その結果消費者契約の申込みや承諾を行ったのであれば、その契約を取り消せることなどが定められている。

- [ ] 誤認、困惑
- [ ] 納得、決断
- [ ] 検討、選択

71. すべての商品・サービスに付ける景品（総付け景品）は、商品価格が1,000円未満の場合は[   ]円まで、1,000円以上の場合は価格の[   ]までとすることが定められている。

- [ ] 100、10分の1
- [ ] 200、10分の2
- [ ] 300、10分の3

72. 「インサイダー取引」とは、上場企業の関係者（インサイダー）が、その会社の[   ]を使って、その会社の株を取引することである。

- [ ] 金融商品取引法に基づく開示書類
- [ ] 株価が動くような重要情報
- [ ] 従業員

73. インサイダー情報を伝える行為、インサイダー取引をさせようとする行為は金融商品取引法で禁止されており、[　　　]刑罰が科される。

☐ インサイダー取引より軽い　　☐ インサイダー取引同様の
☐ インサイダー取引より重い

74. 武器や軍事転用可能であるような「特定の貨物」を、「特定の地域」を仕向け地として輸出するとき、また、特定の貨物の[　　　]を特定の国において提供するときは、外国為替及び外国貿易法の定める手続きにしたがって、経済産業大臣の許可を得なければならない。

☐ 設計・製造・使用に関する「特定の技術」
☐ 設計・製造・使用に関する「機密情報」
☐ 原材料調達・加工技術に関する「営業秘密」

75. 投資家は、CSRの元々の考え方であった[　　　]、[　　　]に、さらに「企業統治」（Governance）を加えて、「ESG」と名づけ、ESGに力を入れている企業に投資する姿勢を打ち出している。

☐ 「経済性」（Economy）、「専門性」（Specialty）
☐ 「効率」（Efficiency）、「スマート」（Smart）
☐ 「環境保護」（Environment）、「社会貢献」（Society）

76. 「大気汚染防止法」では、[　　　]の排出等が規制されている。

☐ 第一種特定化学物質
☐ 温室効果ガス
☐ ばい煙、揮発性有機化合物、粉じん

77. 工場で使用する物質の中に有害物質があるなどして土壌が汚染されると、「地下水に溶け込んで人が摂取してしまうリスク」、「[   ]リスク」が生じる。

- [ ] 人が口や肌から直接に摂取してしまう
- [ ] 製品に有害物質が混入してしまう
- [ ] 気化して大気が汚染される

78. 産業廃棄物を排出した事業者は、[   ]適正に処理することが義務づけられている。

- [ ] 自らの責任において
- [ ] 専門の事業者に委託して
- [ ] 自治体の許諾を得て

79. 「循環型社会形成推進基本法」は事業者に対して、できるだけ廃棄物を減らすこと、[   ]することを求めている。

- [ ] 再使用
- [ ] 再使用、再生利用
- [ ] 再使用、再生利用、熱回収

80. パリ協定では世界の平均気温の上昇を「産業革命以前に比べて[   ]より十分下回るように抑えること、[   ]までに抑える努力をすること」という目標が示された。

- [ ] 3℃、2℃
- [ ] 2℃、1.5℃
- [ ] 1℃、0.5℃

理解度チェック問題集　　205

正解と解説

01. ☑ 相手の期待に応えること

　企業にとってのコンプライアンスの"本当"の意味は、「相手の期待に応えること」です。事故や不祥事が起きたとき、企業が法令を順守していたとしても、社会から非難されることがあります。これは社会の側が企業に期待するところに違反していたからです。また、コンプライアンスという名詞の元の言葉である「コンプライ」(comply)という動詞は、「(何かに)合わせる」という意味を持っています。以上のことから、企業にとってのコンプライアンスは、「法令順守」ではなく、「相手の期待に応えること」と理解するのが適切です。(**Unit 1 1-2**、**1-3**参照)

---

02. ☑ 最低レベルの社会的ルール

　法令違反をすると、国や自治体の公的な強制力によって制裁(＝「法的制裁」)が課されます。この「法的制裁」の有無が、法令違反とコンプライアンス違反が異なる点です。「法令違反」に厳しいペナルティが待ち受けているのは、法令が、それにすら違反したら法的制裁があるという「最低レベルの社会的ルール」を定めたものだからです。法令違反を含まない、純粋なコンプライアンス違反だけの場合は、行為者は社内処分や社会的非難を受けることがありますが、原則として法的制裁を受けることはありません。(**Unit 1 1-4**参照)

---

03. ☑ 消費者

　企業が期待に応えるべき相手としては、主に、消費者、従業員、取引先、社会、株主の５つの相手が挙げられます。なお、５つの相手のうち、企業にとって最も大切なのは、「消費者」です。消費者のおかげで企業は存続していけるため、企業にとって最も大切な「相手」は消費者だといえます。(**Unit 1 2-1**参照)

---

04. ☑ 「高品質」「合理的価格」

　「安全・安心」「高品質」「合理的価格」が、消費者の期待です。なお、B to B企業の場合、商流の最終段階で商品を使用・消費してくれている人々の姿がみえないため、消費者、エンドユーザーの期待を感じ取りにくいです。そこで、意識的に消費者やエンドユーザーの使い方、消費の仕方を想像し、彼らが何を期待しているのかを思い浮かべることが大切です。(**Unit 1 2-1**参照)

---

05. ☑ 大切な、原動力

　従業員は企業活動の原動力です。経営陣が「消費者第一」「社会貢献」など、立派なヴィジョンを掲げて旗を振っても、従業員がその志に賛同して働いてくれなければ、企業は前に進むことができません。従業員の会社に対する期待としては、「安全な職場」「適正な労働時間管理」「公正な賃金」「差別のない職場」「各種ハラスメントのない職場」などが考えられ、これらの期待に応えることを従業員コンプライアンスといいます。（*Unit 1 2-2*参照）

06. ☑ 取引契約を順守してほしい

　取引先コンプライアンスとは、「取引契約を順守してほしい」「取引関係が公正であってほしい」などの、取引先の期待に応えることです。そのため、取引上の力関係にものをいわせて無理難題を押し付けるなどは、取引先コンプライアンス違反になります。なお、「多少問題があっても、納品を受け入れてほしい」といった取引先の"不正な期待"に応えることは取引先コンプライアンスではありません。（*Unit 1 2-3*参照）

07. ☑ 「安全」を確保する責務

　原料メーカー、部品・部材メーカー、保管会社、物流会社、販売会社など、どの過程で事故が起きても、最終的に被害を受けるのは消費者、エンドユーザーです。そのため、自分の会社が直接、消費者・エンドユーザーを相手に事業をしていないとしても、一連の企業はすべて「共同責任者」の立場にあると考え、消費者・エンドユーザーに対して、「安全」を確保する責務を負っているということを認識しましょう。（*Unit 1 2-3*参照）

08. ☑ CSR（企業の社会的責任）、SDGs（持続可能な開発目標）

　社会が企業に期待するところをまとめた考え方を「CSR」（企業の社会的責任）といいます。一方、経済、社会、環境のバランスを強調して国連がまとめた、各国政府や企業が取り組むべき目標を「SDGs」（持続可能な開発目標）といいます。CSRもSDGsも「社会コンプライアンス」の延長線上にあるものです。なお、ESG投資とは、「環境保護」（Environment）、「社会貢献」（Society）、「企業統治」（Governance）の取組みに力を入れている企業に投資をする姿勢のことをいいます。（*Unit 1 2-4*参照）

09. ☑ 事故や不祥事を起こさないようにコンプライアンスを尊重して

　株主コンプライアンスとは、「事故や不祥事を起こさないようにコンプライアンスを尊重して、『企業価値』の維持・向上を目指してほしい」という株主の期待に応えることです。また、株主は、個人投資家から大資本の機関投資家に至るまで、平等に株主として尊重してほしい（株主平等の原則）という期待ももっています。こうした株主の期待に応えることが、株主コンプライアンスです。(*Unit 1 2-5*参照)

---

10. ☑ 自分が働いている会社に期待されていることは何か

　コンプライアンスに関する事案に対応するときは、①その事案が5つのコンプライアンスのどれに関係しているのか、②自分が働いている会社に期待されていることは何か、③関係する法令はあるか、というプロセスで考えると正しい方向で検討できます。企業にとってのコンプライアンスの本当の意味は、「相手の期待に応えること」です。そのため、まずは、「自分が働いている会社に期待されていることは何か」を検討することが大切になります。(*Unit 1 2-7*参照)

---

11. ☑ 各種メディアや研修などで情報を収集し、補っていくこと

　働く中で、「どこまでがコンプライアンスといえるのか」と迷う場面がでてきたら、まずは、「自分自身の感覚」を1つの基準として考えます。たとえば、「誰かが上司に大勢の前で叱責された」という問題があったとして、自分は大勢の前で叱責されるのは耐えられないだろうと感じたら、それが「コンプライアンス」の基準です。ただし、常に自分の感覚が正しいとは限りません。感覚を時代の流れにあわせるために、新聞、インターネットなどの各種メディアや研修などで情報を収集し、補っていくことが必要になります。(*Unit 1 2-7*参照)

---

12. ☑ ルール、組織、手続き

　会社が、「コンプライアンス体制」「ガバナンス体制」など、何らかの「体制」を整えるときは、「ルール」「組織」「手続き」という3つの方面から取り組みます。コンプライアンス体制においては、コンプライアンスを浸透させるために、さまざまな社内ルール（例：経営理念、就業規則）を制定し、そのルールに従って業務推進を担当する「組織」（例：コンプライアンス委員会、コンプライアンス推進部）をつくります。そして、制定したルールを浸透させるために、さまざまな「手続き」（例：コンプライアンス研修やコンプライアンス監査）を行います。(*Unit 1 3-1、3-2、3-3、3-4*参照)

13. ☑ 就業規則

　服務規律など従業員が守るべきコンプライアンス事項を含む基本的なルールが書かれているのは、「就業規則」です。就業規則には、職務専念義務、会社の名誉・信用を守る義務、守秘義務、不正な金品使用の禁止などのほか、賃金、労働時間などについても定められています。就業規則は、コンプライアンス事項のみならず、あなたのビジネス人生にも直結している内容になっているため、必ず読んでおきましょう。（**Unit 1 3-2**参照）

14. ☑ いつ自分の身に降りかかるかわからないので

　「コンプライアンスは立派な活動だが、自分とは特に関係がない」と思っている人も少なくありません。しかし、コンプライアンスの問題は、いつあなた自身の身に降りかかるかわかりません。また、結果的にコンプライアンス違反になってしまったあとに悔やんでも、時すでに遅しです。そのため、コンプライアンス研修には、「もしも自分の身に降りかかったらどうしたらよいか」と、関心をもって臨みましょう。（**Unit 1 3-4**参照）

15. ☑ 誠実に対応すること・正直に答えること

　「コンプライアンス監査」とは、コンプライアンス部門などが現場でコンプライアンスの実践状況を見て回ることです。一方、「コンプライアンス調査」とは、コンプライアンス違反の事実が指摘されたときに、事実の有無、内容を確認する調査のことです。コンプライアンス監査・調査には、誠実に対応すること、正直に答えることが重要です。そうすることが、最終的にはあなた自身や会社を守ることにつながるからです。（**Unit 1 3-4**参照）

16. ☑ 内部統制システム、コーポレートガバナンス

　会社は、縦の線である「内部統制システム」と、横の線である「コーポレートガバナンス」で構成されています。会社は、定款に「目的」として掲げた事業を推進するために、株主から資金を集め事業を展開し収益をあげて、株主に配当するためのビジネス・システムです。効率よく目的を達成するために、会社は「内部統制システム」と「コーポレートガバナンス」という仕組みを整えて、組織全体を統制します。（**Unit 2 1-1**参照）

正解と解説　　209

17. ☑ 事実調査・社内処分

会社は、従業員に対して、その場その場に応じて「業務上の指示・命令」（業務命令）を出す権限を有しています。そのため、会社は、指示・命令に従わない従業員がいた場合、「業務命令違反」として、事実調査のうえ、社内処分という手続きをとることができます。判例も会社がこうした権限を持っていることを認めています。（**Unit 2 1-1**参照）

18. ☑ 内部統制システム

内部統制システムとは、「会社が事業を推進するために、内規（社内規則）を定め、必要に応じて指示・命令を出し、これらに違反する従業員がいれば事実関係を調査して社内処分を行うという仕組み」（＝縦の線）のことです。内部統制システムは、具体的には、①ルール（例：職務権限規程などの内規）、②組織（例：職務上の身分などを定める職制）、③手続き（例：内部監査・各種研修などの諸施策）で形作られています。（**Unit 2 1-1**参照）

19. ☑ コーポレートガバナンス

コーポレートガバナンスとは、「経営トップを中心とする経営幹部の動きを横から観察し、方向性を間違えていると察知したときはすかさずストップをかけ、方向性を是正する仕組み」（＝横の線）のことです。縦の線である「内部統制システム」のみでは、社長など、縦の線の上位にいる人々が間違っている場合、下位にいる人たちでは是正をすることが難しいという現実があります。そこで、「横の線」であるコーポレートガバナンスを構築し、縦の線の上位の人々を是正する仕組みを整える必要があります。（**Unit 2 1-2**参照）

20. ☑ ホットライン（内部通報制度）、公益通報者保護法の通報制度

ホットライン（内部通報制度）とは、「企業の現場で起きている違法、不当、不適切な出来事を、従業員が担当窓口に通報できる制度」のことをいいます。一方、公益通報者保護法の通報制度とは、「公益を守るために、刑事罰の対象となる事実を通報できる制度」のことをいいます。前者が、法律違反に限らず、企業の健全な経営、レピュテーション（社会的評判）リスクに関わる内容を通報の対象としているのに対して、後者は、通報対象は刑事罰の対象となる事実に限られています。

なお、改正公益通報者保護法が2022年6月までに施行されることになっています。保護対象の通報者に退職後1年以内の元従業員を加える、通報窓口担当者の守秘義務が制定される、通報対象の範囲が拡大され、行政罰の対象となる行為が追加されるなどの改正がなされています。（**Unit 2 1-3**参照）

21. ☑ 5つのコンプライアンス（消費者・従業員・取引先・社会・株主）に照らし合わせて検証する

上司からの指示・命令が、コンプライアンスに反すると感じたときは5つのコンプライアンス（消費者・従業員・取引先・社会・株主）に照らし合わせて検証することが必要です。たとえば、「過去のデータを現在のデータとして流用して品質証明書に記載しろ」という指示・命令を上司から受けたとします。この場合、「品質証明書を偽造することになるので、取引先をだますことになる＝取引先コンプライアンスに反する不適切な指示・命令」だと判断できます。こうした検証を繰り返し行い、あなた自身の「判断力」を鍛えることが大切です。（**Unit 2 1-4**参照）

22. ☑ 誠実義務

会社と従業員には、労働契約（雇用契約）を結ぶと同時に、「誠実義務」が課されます。誠実義務とは、会社も従業員も「お互いに誠実に行動し、信頼関係を築いていこう」という約束のことです。会社側の誠実義務は、従業員の安全に配慮するという「安全配慮義務」です。一方、従業員側の誠実義務は、就業規則の「服務規律」という項目に書かれていることを守ることが主です。働く際は常に、「これで会社に対して誠実に仕事を行っているといえるか」を念頭に置いておくことが必要です。（**Unit 2 2-1**参照）

23. ☑ 社内処分を受ける

私生活上の出来事（プライベート）でも、業務に影響が出てくる場合、会社のレピュテーションに関わる場合などは、「会社の業務に支障を来した」「会社の信用を傷つけた」として服務規律が適用され、誠実義務違反として、社内処分を受けることがあります。たとえば、飲食店での打ち上げ会で大騒ぎをして、お店の設備を壊したり、他の客に迷惑をかけたりすれば、「会社の信用を傷つけた」として社内処分を受ける可能性があります。私生活上の出来事でも、「誠実義務」が問われることがあるということを覚えておきましょう。（**Unit 2 2-1**参照）

24. ☑ 詐欺罪、株主コンプライアンス

仲間同士の飲み会費用を「会議費」として申請する、出張経費を上乗せして請求するなどの行為は、詐欺罪に該当します。また、会社のお金は元をただせば株主のお金なので、株主コンプライアンスにも反する行為です。会社は株主の資本を元に事業を展開して、決算を行い株主に配当するためのシステムであり、会社において最も大切なことの1つはお金の流れです。飲食代、会議費、出張費などで不正経理を行うことは、法的にもコンプライアンス的にも許されません。なお、会社の備品を持ち帰る行為は、窃盗罪、横領罪にあたり、これも株主コンプライアンスに違反する行為です。（**Unit 2 2-2**参照）

25. ☑ 職務専念義務

　勤務時間中にインターネットで職務とは関係のないサイトを閲覧する行為は、職務専念義務違反です。従業員と会社の間には、「労働契約」（労働者が労働し、使用者（会社）が賃金を支払うという約束）が結ばれています。そのため、勤務時間中は職務に専念し、私的な活動は控えなければなりません（＝職務専念義務）。職務専念義務は、従業員の誠実義務のうちの１つであり、多くの会社では、就業規則に明確に規定されていますが、たとえ規定されていなくても労働契約の目的からして従業員が果たさねばならない当然の義務です。(*Unit 2 2-2*参照)

26. ☑ 会社の安全配慮

　会社は従業員への安全配慮義務を負っており、会社の安全配慮の仕方に不十分な点があって従業員に被害が生じた場合、その従業員または遺族は、会社に対して損害賠償を請求することができます。「会社の安全配慮の仕方」は、実質的にはそこで働く全役職員一人ひとりによる努力にかかっており、あなた自身も、職場の周囲の人たちに対する安全配慮義務の「担い手」です。(*Unit 3 1-1*参照)

27. ☑ 健康診断

　会社は従業員を採用するときは健康診断を受けさせなければならず、その後も年１回以上、従業員に健康診断を受けさせなければなりません。費用は会社が負担します。違反すると罰則が科されます。従業員にも健康診断を受けることが義務づけられていますが、受けなかった場合の罰則はありません。しかし、健康診断は「安全で健康な職場」を実現するための制度です。積極的に受けるようにしましょう。(*Unit 3 1-2*参照)

28. ☑ 心身の健康を保てる職場環境であるか

　長時間労働などきつい勤務状況が続くと、従業員は心身ともにダメージを受け、うつ病や脳・心臓疾患などさまざまな病気にかかるリスクが出てきます。特定の従業員に何らかのリスクの兆候を感じ取ったら、直ちに、その人の労働時間の再確認、本人や周囲の人々へのヒアリングの実施などを行い、労働時間の調整、必要であれば産業医などに診察を依頼するなどの対応措置をとるべきです。(*Unit 3 1-2*参照)

29. ☑ 労働時間管理

新型コロナウイルス（COVID-19）の流行に伴い、従業員と他の従業員、外部の人々との接触を減らすため、テレワーク、リモートワーク、交代制勤務、短時間勤務などを導入している会社も多くなりました。テレワークだと、つい時間オーバーで働きすぎてしまう例が多いと報告されています。「日報を書いてもらう」「始業時・終業時にメールで報告してもらう」など、安全配慮の実践には工夫が必要になります。（**Unit 3 1-4参照**）

30. ☑ 通勤途上の災害

従業員が、業務上、負傷・病気・障害・死亡の災害を被ることを「労災」（労働災害）といいます。「業務上の災害」に加えて「通勤途上災害」も補償の対象とされています。労災保険制度は、労災を被った従業員に対して国が補償を行う制度です。労災の給付申請をするのは従業員の権利です。（**Unit 3 1-5参照**）

31. ☑ 人の「人格」を傷つける

ハラスメントは人の生き方、価値観、いわば「人格」そのものを傷つける行為であり、決して許されないことです。人の生き方、価値観を傷つける行為がハラスメントですから、「パワーハラスメント」「セクシュアルハラスメント」などに限らず、さまざまなハラスメントがあり得ます。（**Unit 3 2-1参照**）

32. ☑ 就業環境

パワーハラスメントの定義にある「優越的な関係」とは、上司から部下に対する関係に限らず、部下から上司に対する関係、同僚間でもあり得ます。「業務上必要かつ相当な範囲を超えた」とは、職場で上司・先輩が、部下・後輩に対して行う業務上の指導について、どういった指導が「範囲を越えた」ハラスメントと判断されるのかが問題となります。また、「就業環境を害」するとは、ハラスメントの直接の被害者に害を与えるのみならず、職場の雰囲気を悪くすることも含まれます。（**Unit 3 2-2参照**）

正解と解説　213

33. ☑ 人を不快に

　セクシュアルハラスメントの定義における「不快にさせる」行為とは、行為者の性的な言動によって、他の人がその生き方、価値観を傷つけられ、心を傷つけられるという意味であり、ここにセクシュアルハラスメントの本質があります。したがって身体的接触がない場合でも、他の人の心が傷つけられればセクシュアルハラスメントになります。また、「業務を遂行する際に行われる」行為が問題なのですから、取引先を接待する場、飲食店での社内懇親会の場での行為なども対象となります。（*Unit 3 2-3*参照）

34. ☑ 妊娠、出産、休業

　男女雇用機会均等法において、マタニティハラスメント防止措置に関する規定が設けられています。本来職場全体で妊娠・出産、育児休業する女性を応援すべきものであり、それらに関する嫌がらせは、従業員コンプライアンスに反する行為です。男性の育児休暇・育児休業の取得も推進されており、それらに関するハラスメント対策が必要です。女性の場合はマタニティハラスメントの１つですが、男性の場合は「パタニティハラスメント」と呼ばれます。（*Unit 3 2-4*参照）

35. ☑ 従業員に法定労働時間を超えて

　従業員と会社の間で36協定を締結すれば、会社は、従業員に法定労働時間（１日８時間、週40時間）を超えて、また、法定休日（毎週少なくとも１日（４週間に４日）の休日を与えなければいけない）に労働させることができます。36協定とは、会社と従業員側との間で、対象労働者と対象期間を内容に含む協定を「正式な手続き」により結ぶことで、法定労働時間を超える労働時間や、休日の労働をさせることができるという例外ルールです。（*Unit 3 3-2*参照）

36. ☑ １カ月45時間、１年360時間

　以前は従業員と会社との間で36協定を締結さえしておけば、時間外労働の上限はないと受け止められていたため、長時間労働による健康被害、過労死、過労自殺が数多く発生しました。そこで、労働基準法が改正され上限が「１カ月45時間、１年360時間」と定められました。この時間外労働の上限も、臨時的で特別な事情がある場合は、36協定に「特別条項」を設けて上げられますが、その運用については、細かい規制が定められており、規制に違反した場合は刑事罰が科されます。（*Unit 3 3-3*参照）

37. ☑ ワーク・ライフ・バランス

ワーク・ライフ・バランス（仕事と生活の調和）とは、従業員が、仕事をすることと、家庭や地域などで個人的なやりがいや充実感を感じながら生活することを両立できることをいいます。労働契約法も「仕事と生活の調和に配慮して労働契約を締結するように」という趣旨の条文を置いています。会社は労働時間の管理だけではなく、「ワーク・ライフ・バランスが保たれているか」という観点からも従業員への配慮が必要です。（*Unit 3 3-3*参照）

38. ☑ 事業の正常な運営を妨げる

年休は従業員の希望する時季にとることができます。ただし、会社はその時季に年休を与えることが「事業の正常な運営を妨げる場合」（＝その従業員の仕事が事業に不可欠で、他の人で代行することは困難だという客観的な事情があるとき）は、他の時季に変えることができるとされています。しかし、会社が時季を変更させる場合、ただ「代わりがいないから」という理由だけでは不十分です。代行して仕事をしてくれる人を、他の部署に協力を求めるなどして探す努力をすべきです。（*Unit 3 3-4*参照）

39. ☑ 慎重に、信頼できる相手

取引をする相手を慎重に、信頼できる相手を選ぶべき理由は以下のとおりです。まず、取引が始まれば、あなたの会社と取引先とは、消費者に対して、商品・サービスの安全性について共同して責務を負う立場になります。さらに、環境問題・人権問題など、社会に対しても共同して責務を負う立場にもなります。しかも、いったん取引を開始して取引実績が積み上がると、「継続的取引の原則」という考え方が適用され、簡単には取引を解消できなくなるためです。（*Unit 4 1-1*参照）

40. ☑ 相当期間の予告

長い期間、取引が続いてきたとき、取引先は、「今後も取引は続くだろう」と期待して、それなりの設備投資や事業計画を立てています。そのため、契約書に「３カ月前予告で解約や更新拒絶ができる」と書いてあったとしても、それ以上の予告期間、補償が必要なのです。契約が続くものと期待した取引先の願いに応えるのも「取引先コンプライアンス」の１つです。（*Unit 4 1-3*参照）

正解と解説　　215

41. ✓ 取引上の優越的な地位を利用する不当な行為

独占禁止法は、取引上の優越的な地位を利用する不当な行為を「優越的地位の濫用」として禁止しています。優越的地位の濫用にあたるとされると、公正取引委員会により、不当な契約条項の削除など「排除措置命令」が発せられ、違反行為3年間分の取引先との取引額の1％という課徴金が課されます。「排除措置」とは違法状態を「排除する措置」という意味です。（**Unit 4 2-6**参照）

42. ✓ 特定の事業

下請法の規制の対象となる「特定の事業」とは製造委託、修理委託、役務提供委託、情報成果物作成委託で、ソフトウェア産業も対象となっています。なお、建設業については別途、建設業法で「下請負人」の保護に関する事項が定められています。「親事業者」であるか「下請事業者」であるかは、お互いの資本金の大きさで決まります。（**Unit 4 2-6**参照）

43. ✓ 公務員

贈賄罪は、現職の公務員に対する贈賄ばかりではなく、これから公務員になろうとする者に、就任した後への期待を込めた贈賄（事前贈賄）、退職した公務員に対する在職中の取扱いに対するお礼の意味の贈賄（事後贈賄）と、幅広く成立します。実際に賄賂を渡した場合だけではなく、その申込み、約束をしただけでも同罪です。贈賄罪は3年以下の懲役刑または250万円以下の罰金刑となります（刑法）。（**Unit 4 2-7**参照）

44. ✓ 不正競争防止法

外国の公務員に対する贈賄は不正競争防止法によって禁止されています。国際的な取引で不正な目的（あることをさせる、しないでもらう、他の外国公務員にあっせんしてもらう）をもって利益提供をする、申し込む、約束すると、5年以下の懲役刑もしくは500万円以下の罰金または併科に処せられます。会社が行ったとされると、会社は3億円以下の罰金刑に処せられます。「海外だから、日本の規制は及ばないだろう」は通用しないのです。（**Unit 4 2-7**参照）

45. ☑ FCPA（海外腐敗行為防止法）

FCPAは米国の法律ですが、日本企業にも影響があります。米国は、「賄賂を支払え」というメールが米国内で送信された場合や共謀が米国で行われた場合など、贈賄行為の一部でも米国で行われた場合にFCPAを適用するとしているからです。米国外の企業や公務員にも適用するので「域外適用」と呼ばれています。なお、英国にも贈収賄防止法（UK Bribery Act; UKBA）があり、FCPA同様に広く適用される可能性があるので注意が必要です。（Unit 4 2-7 参照）

46. ☑ 原価を著しく下回る価格で商品・サービスを継続

「ダンピング」（不当廉売）とは、資本力に余裕のある企業が、他の資本力に乏しいライバル企業が太刀打ちできないような安い価格で販売攻勢をかけ続ける行為です。ライバルたちが「とてもやっていけない」という状態になってから、おもむろに本来の価格に戻すというものが典型例です。資本力にものをいわせる、アンフェアな競争方法です。ダンピングに対しては排除措置が命じられるほか、過去10年内に同様の行為があったときは違法行為期間の売上の３％が課徴金として課されます。（Unit 4 3-1参照）

47. ☑ 販売価格を指定して守らせる

会社（メーカー）が、取引先（卸売店）に対して、取引先が販売する価格を拘束することは、独占禁止法では、「再販売価格の拘束」といって禁止されています。本来、卸売店は小売店にいくらで売ろうと自由なはずです。その自由を拘束する点が不公正なのです。また、会社が取引先のそのまた取引先の販売価格を拘束することや、卸売店が小売店の「小売価格」を拘束することも禁止されています。違反行為に対しては排除措置が命じられ、過去10年内に同様の行為があったときは、違反行為期間の売上の３％で算定される課徴金の支払いが命じられます。（Unit 4 3-2参照）

48. ☑ 共同ボイコット、差別的対価

独占禁止法では、「共同ボイコット」「差別的対価」「抱き合わせ販売」なども「不公正な取引方法」として禁止されています。違反行為があれば公正取引委員会により排除措置が命じられます。「共同ボイコット」と「差別的対価」に対しては、過去10年内に同様の行為があったときは、違反行為期間の売上の３％で算定される課徴金の支払いが命じられます。（Unit 4 3-3参照）

49. ☑ カルテルや談合の事実

「リーニエンシー制度」（課徴金減免制度）は、公正取引委員会にカルテルや談合の事実を自主的に報告し、調査に協力することで課徴金を減免される制度です。カルテル等に万一参加してしまった場合でも、これを利用して課徴金を免れることができます。公正取引委員会が調査を開始する前に、1番目に報告・資料提出をすれば全額が免除され、2番目は20％、3〜5番目は10％を、6番目以降は5％を、それぞれ減額されます。また、調査開始後であっても調査協力に応じれば減額されることになっています。（*Unit 4 3-4*参照）

50. ☑ 企業にコンプライアンス違反があれば、その点を攻撃し、社会に公表すると圧力をかける

反社会的勢力は、たとえば、商品・サービスに欠陥があれば、「消費者を大事にしない悪徳企業である」「世間に欠陥を暴露して、批判キャンペーンを行う」といった、いずれも「正論」に立った攻撃をします。このような攻撃に対しては、正論で答えるべきです。商品・サービスの欠陥については、仮に欠陥があれば公表し、被害者がいれば賠償し、再発防止策を発表していけばよいのです。（*Unit 4 4-1*参照）

51. ☑ 守秘義務

従業員には、会社との労働契約に基づき、「誠実義務」が課されており、その中には自動的に会社の機密情報を守る義務である「守秘義務」が含まれています。このため、多くの会社は、就業規則に「労働者は在職中および退職後においても、業務上知り得た会社の機密情報を漏えいしないこと」といった具体的な条項を規定して「守秘義務」を明記しています。（*Unit 5 1-1*参照）

52. ☑ 不正競争防止法

機密情報は不正競争防止法の定める一定の要件を満たすと、「営業秘密」として認められ、保護されます。会社の役員・従業員が不正の利益を得る目的で、営業秘密を私的に使ったり、外部に開示したりする行為には、刑事罰が科されます。会社の中にあるどの情報が機密情報として守るべきものなのかは、なかなかわかりにくいものですが、営業秘密のように、保護のための特別な対応がなされている情報でなくても、内部情報の中でも常識的にみて「守った方が良い」と思う情報であるなら、機密情報だと考えて守るべきです。（*Unit 5 1-2*参照）

53.　✓ 厳重に保管すること

　機密情報の入った記録媒体は、専用のキャビネットに保管して、保管責任者が施錠して厳重に管理します。記録媒体を社外に持ち出すことは内規で禁止されている会社が多いはずですが、パソコンやUSBメモリーを持ち出して、帰路、飲食店などに立ち寄って紛失してしまう事例が多発しています。機密情報の入った記録媒体の保管には、通常以上に皆で留意することが必要です。(*Unit 5 1-3*参照)

54.　✓ レストランや居酒屋、電車、飛行機、バス、タクシーの中など

　社外で会話をするとき、そばにライバル企業の社員やマスメディア関係者がいないとはいいきれません。社外の人に聞かれてはならない情報については、安易に話題にしないことです。このほかにも、機密情報を守るための方策として、情報へのアクセスを制限する、外部からの不正アクセスなどの攻撃に備えることなどが必要です。(*Unit 5 1-3*参照)

55.　✓ 生存している特定の個人を識別できる情報

　個人情報保護法では、「個人情報」とは、生存している特定の個人を識別できる情報と定義されており、個人を特定できるという点を「個人識別性」といいます。ある情報をみる、聞くなどすれば、「ああ、あの人だ！」とわかる情報のすべてが個人情報です。氏名、住所、顔写真、声の録音、カルテなどは個人情報といえます。メールアドレスもアドレスの中に氏名や勤務先がわかる文字が含まれていれば個人情報です。(*Unit 5 2-1*参照)

56.　✓ すべての企業

　個人情報保護法を適用される企業は個人情報データベース等を仕事で使っているすべての企業です。個人情報を顧客名簿や社員名簿として体系的にまとめて、検索できるようにしてデータベースを作成保管したりファイリングしていれば対象となるわけで、ほとんどの企業が対象になります。対象となる企業には、個人の「安全と安心」「プライバシー」を守ることが求められます。(*Unit 5 2-1*参照)

57. ☑ 要配慮個人情報

個人情報保護法は、「人種、信条、社会的身分、病歴、犯罪の経歴、犯罪により害を被った事実」など、本人に対する不当な差別や偏見が生じる可能性のある個人情報を「要配慮個人情報」と名付けて、取得する際は、事前に本人の同意を得ることを求めています。企業は個人情報を取得する場合、「適正」に取得することが求められており、「不正」な方法での取得は禁止されています。(*Unit 5 2-2*参照)

58. ☑ オプトイン

個人データを第三者に提供するときは、事前に「本人の同意」＝オプトイン(opt in)が必要です。なお、グループ企業といえども「第三者」です。あなたの会社がアンケートなどで取得した個人データをグループ企業でも使用するのであれば、その旨を明示して同意を得ておくことが必要です。(*Unit 5 2-2*参照)

59. ☑ 漏えい対象となった人々

顧客・取引先・従業員などの個人情報が漏えいした場合は、直ちに漏えい対象となった人々に漏えいの事実を伝えなければなりません。人数が多くて一人ひとり伝えるのが無理なら新聞広告などで公表すべきです。特に顧客名簿が流出したときは、通知・公表の有無が会社に対する消費者の信頼を左右します。なお、2020年に個人情報保護法が改正され、個人の権利利益を害するおそれが大きい個人データが漏えいなどした場合、個人情報保護委員会への報告および本人への通知が企業に義務づけられました。2022年4月1日から施行されます。(*Unit 5 2-4*参照)

60. ☑ 「管理性」「有用性」「非公知性」

会社の中にある技術情報や顧客情報などの機密情報は、「管理性」(秘密情報を守るために、情報管理を厳重に行っていること)、「有用性」(事業活動に有用な情報であること)、そして「非公知性」(公然と知られていない情報であること)という3つの要件を満たせば、差止請求権、損害賠償請求権という権利が与えられ、不正競争防止法上の「営業秘密」として法的な保護を受けることができます。(*Unit 5 3-2*参照)

61. ☑ 進歩性

　自然の法則を使った技術的思想の創作であって、「新規性」(いまだかつてない)と「進歩性」(容易には思いつけない)が認められることが特許権の条件となります。発明者が登録申請をして、技術を公開した上で特許登録を認められれば、特許権者だけがその技術を使えるようになり(独占権)、他の企業や人が使うことを「侵害」として禁止できます。特許権は出願の日から20年間、存続します。(**Unit 5 4-2参照**)

62. ☑ 物の形状、構造、組合せ

　実用新案権は「物の形状、構造、組合せ」に関する技術の創作で「考案」と呼ばれるものについて、登録されたことにより与えられる権利です。侵害者には刑事罰が科されます。「侵害者」と思われる企業、人に対して差し止め請求権を行使するためには、特許庁で「実用新案技術評価書」を作成してもらい、その評価書を前もって「侵害者」にみせる必要があります。(**Unit 5 4-3参照**)

63. ☑ 思想・感情を創作的に表現した

　著作権は、小説、論文、講演、音楽、絵画、建築物、映画、写真、プログラムなど、思想・感情を創作的に表現した著作物の著作者に与えられる権利です。創作性さえあればよく、特許権・意匠権などと違って登録しなくても、創作された瞬間に権利が生まれます。(**Unit 5 4-6参照**)

64. ☑ 公表、著作者名の表示、内容の変更

　「著作権」は、著作者人格権を除いて、売買することができます。一方、「著作者人格権」は、著作者固有の権利だとされているため、売買できません。「著作者人格権」には、①著作物を公表するかどうかを決める「公表権」、②著作者の氏名を表示するかどうかを決める「氏名表示権」、③内容を変えてよいかを決める「同一性保持権」の3つがあります。(**Unit 5 4-6参照**)

65. ☑ 特許権、実用新案権

　商品・サービスの企画を担当する場合は、会社の知的財産を守る準備をすることと、他社の知的財産を侵害しないこと、この両面から注意を払う必要があります。会社の知的財産を守るためには、技術については、特許権、実用新案権、デザインについては意匠権、ネーミングについては商標権の登録をすることを心がけるべきです。(**Unit 5 4-8参照**)

66. ☑ 製造・加工・輸入した者

　製造物責任法は、製造物の欠陥が原因で人の生命・身体・財産に損害が生じたとき、その製造物を製造・加工・輸入した者に対して厳しい賠償責任を課しています。さらに、製造物に自ら「製造業者」として氏名、商号、商標その他の表示をした者、表示その他から総合的に見て、実質的に製造業者だと社会的に思われる場合も、製造事業と同様に責任を負わされます。（*Unit 6 1-1*参照）

---

67. ☑ 指示・警告上の欠陥

　製造物責任法における欠陥には、「設計上の欠陥」（製造物の設計段階で安全性への配慮が不十分だった）、「製造上の欠陥」（製造工程で設計・仕様どおりに作られずに製造物に不具合が生じた）、「指示・警告上の欠陥」（設計で除去し切れない危険性が残っているとき消費者に事故防止・回避に必要な情報を与えなかった）と、3種類の欠陥があります。（*Unit 6 1-1*参照）

---

68. ☑ 品質・内容・製造方法・用途・数量・原産地

　商品・サービス自体や、その広告・取引関係書類・通信で、商品・サービスの、品質・内容・製造方法・用途・数量について、消費者に誤認させるような表示をすることは「誤認表示」として、不正競争防止法で禁じられています。商品の場合は「原産地を誤認させる表示」も同様に禁止されています。こうした行為で被害を受けた個人や事業者は損害賠償請求をすることができ、被害を受けたとき、受けそうなときは差止請求をすることができます。（*Unit 6 2-1*参照）

---

69. ☑ 実際の「自社・他社の」ものより著しく優良であると示す表示

　商品・サービスの品質について、実際の自社や他社の同種のものより「著しく」優良であると示す表示は景品表示法で禁止されています（優良誤認表示）。違反行為者に対しては消費者庁から差止めや再発防止に必要な措置が命じられ（措置命令）、侵害行為をしていた期間の売上の3％で計算された課徴金の支払いが命じられます。（*Unit 6 2-2*参照）

70. ☑ 誤認、困惑

消費者契約法は、①営業担当者などの行為で消費者が誤認させられたり、困惑させられたりして、その結果消費者契約の申込みや承諾を行ったのであれば、その契約を取り消せること（取消し）、②契約書の中で消費者に不当に不利な条項があれば、それを無効とすること（無効）、③消費者の被害発生や拡大を防止するために、「適格消費者団体」が事業者に対して差止請求ができること（差止め）、を規定しています。（*Unit 6 3-1*参照）

71. ☑ 200、10分の2

「景品表示法」は行きすぎた景品を規制しています。総付け景品は、商品価格が1,000円未満の場合は200円まで、1,000円以上の場合は価格の10分の2までとすることが定められています。違反行為に対しては消費者庁から措置命令が下され、課徴金が命じられる可能性もあります。（*Unit 6 3-3*参照）

72. ☑ 株価が動くような重要情報

「インサイダー取引」とは、上場企業の関係者（インサイダー）が、その会社の株価が動くような重要情報（インサイダー情報）を使って、その会社の株を取引することです。典型例は、他社との業務提携計画を担当している従業員が、「提携が発表されれば株価がはね上がるだろう」と予測して自社株を買っておき、発表後に値上がりしてから売ってもうける、というものです。インサイダー取引は金融商品取引法で禁止されており、違反者には5年以下の懲役もしくは500万円以下の罰金、またはその両方が科されます。（*Unit 6 4-1*参照）

73. ☑ インサイダー取引同様の

インサイダーが友達などにもうけさせよう、または損を免れさせようと思って、インサイダー情報を伝える行為や、インサイダー取引をさせようとする行為は、金融商品取引法で禁止されており、インサイダー取引同様の刑罰（5年以下の懲役もしくは500万円以下の罰金、またはその両方）が科されます。インサイダーから情報を伝達された者も「情報受領者」として、インサイダーと同様に株取引を規制されます。また、「とにかく買っておいたほうがよい」と推奨を受けた人が株取引をしても、インサイダー情報は知らないので罪にはなりませんが、勧めた人は罪に問われます。（*Unit 6 4-1*参照）

74. ☑ 設計・製造・使用に関する「特定の技術」

　安全保障輸出管理制度により、武器や軍事転用可能であるような「特定の貨物」を、「特定の地域」を仕向け地として輸出するとき、また、特定の貨物の設計・製造・使用に関する「特定の技術」を特定の国において提供するときは、外国為替及び外国貿易法の定める手続きにしたがって、経済産業大臣の許可を得なければなりません。許可を得ないで輸出や技術提供を行うと刑事罰が科されます。(***Unit 6 4-2***参照)

---

75. ☑ 「環境保護」(Environment)、「社会貢献」(Society)

　投資家は、「環境保護」(Environment)、「社会貢献」(Society)、「企業統治」(Governance)、すなわちESGに力を入れている企業に投資する姿勢を打ち出しており、これをESG投資といいます。企業側も、投資対象として選ばれるように、ESGへの取組みを重視した「ESG経営」を行う方向性を強めています。(***Unit 6 4-4***参照)

---

76. ☑ ばい煙、揮発性有機化合物、粉じん

　有害な物質で大気が汚染されてしまうと人の健康に悪影響を及ぼすため、「大気汚染防止法」では、排出規制対象物質として、ばい煙、揮発性有機化合物、粉じんが指定されています。企業は、これらの物質の発生、排出状況を測定・記録する義務があります。排出規制が守られていないと、都道府県の知事は改善命令、一時使用停止命令を発することができます。また、違反行為には刑事罰(6カ月以下の懲役または50万円以下の罰金)が科されます。(***Unit 6 5-2***参照)

---

77. ☑ 人が口や肌から直接に摂取してしまう

　工場で使用する物質の中に有害物質があるなどして土壌が汚染されると、①地下水に溶け込んで人が摂取してしまうリスク(地下水経由摂取リスク)、②人が口や肌から直接に摂取してしまうリスク(直接摂取リスク)が生じます。工場の稼働等による土壌汚染の状況を把握し、適切な措置を講じて、地域住民の健康を守るために「土壌汚染対策法」が定められています。(***Unit 6 5-3***参照)

78. ☑ 自らの責任において

廃棄物の中でも、燃え殻、汚泥、廃油、廃酸、廃アルカリ、廃プラスチックなど20種類が「産業廃棄物」とされています。産業廃棄物を排出した事業者は、自らの責任において適正に処理することが義務づけられています。実際は、産業廃棄物の処理を、収集運搬業者や処分業者に委託することが多いのですが、その場合でも、排出事業者は運搬や処理が適正に行われるように管理する義務があります。（*Unit 6 5-4*参照）

---

79. ☑ 再使用、再生利用、熱回収

資源の有効活用の取組みは、「リデュース」（Reduce、減らす）、「リユース」（Reuse、再使用）、「リサイクル」（Recycle、再生利用）の頭文字をとって「3R」（スリーアール）と呼ばれています。「循環型社会形成推進基本法」は事業者に対して、できるだけ廃棄物を減らすこと（発生抑制）、再使用、再生利用、熱回収（燃やしてエネルギーとする）することを求めています。（*Unit 6 5-4*参照）

---

80. ☑ 2℃、1.5℃

第21回気候変動枠組条約締結国会議（COP21）で採択されたパリ協定では、世界の平均気温の上昇を「産業革命以前に比べて2℃より十分下回るように抑えること、1.5℃までに抑える努力をすること」という目標が示されました。日本は2016年11月にパリ協定を締結し、2018年12月1日に「気候変動適応法」が新たに施行されています。（*Unit 6 5-5*参照）

◎著者

中島 茂 （なかじま・しげる）
中島経営法律事務所 代表 弁護士・弁理士

《略歴》
東京大学法学部卒業。日本経済団体連合会「企業行動憲章」策定・改定等に関与。
投資信託協会規律委員会委員、財務会計基準機構評議員会評議員、東京理科大学
上席特任教授等を務める。
日経ビジネス「ビジネス弁護士ランキング（コンプライアンス部門・危機対応部
門）」において2011年まで5回連続1位。
著書に『取締役物語　―花と嵐の一年』（中央経済社）、『取締役の法律知識』（日経
文庫）、『株主総会の進め方』（日経文庫）、『その「記者会見」間違ってます！』（日
本経済新聞出版社）、『最強のリスク管理』（金融財政事情研究会）、『意思決定のジレ
ンマ』（監訳、日本経済新聞出版社）、『株主を大事にすると経営は良くなるは本当
か？』（日本経済新聞出版社）他多数。

◎ブックデザイン

永松 大剛（ながまつ・だいごう）

◎イラスト

田渕 正敏（たぶち・まさとし）

サービス・インフォメーション

——— 通話無料 ———

① 商品に関するご照会・お申込みのご依頼
TEL 0120(203)694／FAX 0120(302)640
② ご住所・ご名義等各種変更のご連絡
TEL 0120(203)696／FAX 0120(202)974
③ 請求・お支払いに関するご照会・ご要望
TEL 0120(203)695／FAX 0120(202)973

●フリーダイヤル（TEL）の受付時間は、土・日・祝日を除く
9:00～17:30です。
●FAXは24時間受け付けておりますので、あわせてご利用ください。

コンプライアンスのすべて
～取り組むことが求められるこれまでとこれからのテーマ～

2021年9月10日　初版発行

著　者　　中　島　　茂

発行者　　田　中　英　弥

発行所　　第一法規株式会社
〒107-8560　東京都港区南青山2-11-17
ホームページ　https://www.daiichihoki.co.jp/

コンプラすべて　ISBN978-4-474-07692-1　C2032　（7）